다락원 중한대역문고

중국 우화선

초급
8

다락원

다락원 홈페이지에서
MP3 파일 다운로드 및
실시간 재생 서비스

다락원 중한대역문고 - 초급8
중국 우화선

기획 한국중국현대문학학회
편역 박재우
펴낸이 정규도
펴낸곳 (주)다락원

초판 1쇄 발행 2004년 10월 5일
초판 5쇄 발행 2024년 2월 21일

기획·편집 최준희, 전숙희, 신성은
디자인 정현석, 김금주

다락원 경기도 파주시 문발로 211
전화 (02)736-2031 (내선 250~252/내선 430)
팩스 (02)732-2037
출판등록 1977년 9월 16일 제406-2008-000007호

Copyright © 2004, (주)다락원

저자 및 출판사의 허락 없이 이 책의 일부 또는 전부를 무단 복제·전재·발췌할 수 없습니다. 구입 후 철회는 회사 내규에 부합하는 경우에 가능하므로 구입처에 문의하시기 바랍니다. 분실·파손 등에 따른 소비자 피해에 대해서는 공정거래위원회에서 고시한 소비자 분쟁 해결 기준에 따라 보상 가능합니다. 잘못된 책은 바꿔 드립니다.

ISBN 978-89-7255-969-6 18720
ISBN 978-89-7255-329-8 (세트)

다락원 중한대역문고는...

중국현대문학을 전문적으로 연구하는 한국중국현대문학학회와 중국어 교재 전문 출판사 다락원이 질높은 중국어 학습교재의 개발을 목표로 기획한 중국어 독해교재이다. 중국 교과서에 실린 글과 문학작품 등 중국인의 사상, 문화가 배어 있는 엄선된 텍스트를 통해, 학습자들이 올바르고 아름다운 중국어 문장을 접할 수 있도록 하는 것을 기획의도로 삼았다. 2002년 초부터 기획, 작품선정을 시작하여 중국작가협회의 도움을 받아 판권을 계약하고, 현재 대학에서 중문학을 강의하고 있는 교수진이 번역을 맡았다. 2년이라는 짧지 않은 준비기간을 거치고 기획부터 번역까지 학계의 권위자들이 참가한 만큼 최고의 중국어 학습교재가 될 것을 믿어 의심치 않는다.

한국중국현대문학학회는...

1985년 창립된 한국중국현대문학학회는 국내는 물론 중국, 대만, 홍콩, 일본, 싱가폴 등지에서 전문적으로 중국현대문학을 연구하는 500여 회원들로 구성되어 있다. 정기간행 학술지 계간 「중국현대문학」 발간, 수십 회에 걸친 국제·국내학술대회 개최 등, 20년 가까운 역사 속에서 양적·질적 성장을 거듭하고 있는 명실상부한 중국현대문학 연구의 요람이다.

다락원 중한대역문고를 내면서

중국은 수천 년 동안 우리와 긴밀한 관계를 맺어 온 이웃이다. 최근에는 정치·외교적 역학관계의 균형뿐만 아니라 민족통일을 위한 역할 측면에서도 중국의 중요성이 더욱 부각되고 있다. 미증유의 한류(韓流)와 한국에서의 끝없는 '중국열' 속에서, 앞으로 다가올 것으로 보이는 동아시아 경제·문화 공동체의 발전을 위해서도 우리는 중국과 긴밀한 관계를 맺어 갈 수밖에 없다. 그러나 한편으로는 강력한 국가주의적 추구 속에서 중화대국주의의 흐름도 감지되고 있다. 중국을 공부해야 할 중요성이 바로 여기에 있다. 선린우호 관계를 유지하는 것은 필요하겠으나, 주체성 있는 '화이부동(和而不同)'의 자세로 중국을 공부해야 할 필요가 강조되는 까닭이기도 하다. 중국을 알기 위해서는 우선 중국어에 대한 폭넓은 이해가 선행되어야 한다. 한 국가의 언어를 이해하지 못한 채 그 나라를 깊이 있게 이해하겠다는 것은 연목구어(緣木求魚)가 아닐 수 없다.

이번에 한국중국현대문학학회와 다락원이 함께 기획하고 출판하게 된 다락원 중한대역문고는 이와 같은 인식에서 시작하여 인문학적 시각에서 중국을 이해하고자 하는 차원에 중점을 두고 중국의 다양한 역사·문화적 요소들을 통해 중국어를 학습할 수 있도록 노력하였다.

이러한 기획의도에 따라 다락원 중한대역문고는 초급과 중급으로 학습단계를 나누어 각각 10권씩 다양한 글들을 묶었다. 우선 초

급단계에서는 한국에서는 평소에 접하기 어려웠던 중국의 초등학교 교과서에 실린 글들을 대폭 선정하였다. 교과서란 무릇 그 나라의 언어와 문화를 체계적으로 학습할 수 있는 훌륭한 기본교재이기 때문이다. 이 밖에도 정확한 발음과 다양한 일상표현 학습을 위한 얼거(儿歌)선, 지혜와 교훈을 얻을 수 있는 우화선, 역사 속 위인들의 일화를 읽을 수 있는 역사 인물선, 그리고 유명한 서양의 동화들을 중국에서는 어떤 방식으로 표현하는가를 집중적으로 배울 수 있는 외국 동화선 등으로 꾸몄다.

중급단계에서는 수준을 한 단계 높여 초등학교 고학년 교과서의 글들을 우선 선정하였고, 이어서 중국 현대문학사에 빛나는 주옥같은 작품들을 통해 현대 중국의 문학언어를 학습할 수 있도록 하였다. 중국 현대(現代) 동화선을 통해 학습자들은 기존에 접하지 못했던 현대 중국동화의 매력에 빠져들 수 있을 것이다. 아울러 중국 현·당대 수필선을 비롯하여 여류 작가 빙신(冰心)과 현대 중국 최고의 소설가 가운데 하나인 바진(巴金)의 단편들, 영원히 그 명성이 퇴색하지 않을 루쉰(魯迅)의 『아Q정전』과 딩링(丁玲)의 『소피여사의 일기』는 물론, 최근 중국인의 의식과 문화를 잘 보여줄 단편소설과 미형(微型)소설들도 중국어와 중국문화를 접목하여 공부할 수 있는 좋은 교재가 될 것이다.

이번 중한대역문고는 모두 관련 분야에서 연구와 번역을 통해 오랫동안 공력을 들여온 역자들이 번역을 맡았다. 학습자들은 번역자

의 친절한 주석과 해설을 통해 원문과 번역문을 대조하면서 실력을 쌓아갈 수 있을 것이다. 또한 일정한 분량마다 제시되어 있는 연습문제 풀이를 통해서 자신의 실력을 점검해 볼 수도 있을 것이다. 무엇보다 부탁하고 싶은 것은 학습자들이 스스로 주어진 원문을 큰 소리로 낭독하는 과정을 반복했으면 하는 점이다. 언어는 스스로 소리 내어 말해보지 않으면 자기 것이 되기 어렵기 때문이다. 이번 문고를 통해 학습자들이 한층 더 성숙한 실력을 쌓을 수 있기를 바란다.

한국중국현대문학학회가 한국은 물론 아시아를 대표하는 중국현대문학 연구학회로 성장하고 있고 세계의 중화문학계를 향한 발언권을 더해가는 이 시점에 이 같은 문고를 출간할 수 있게 되어 가슴이 뿌듯하게 생각된다. 최초의 기획부터 출판에 이르기까지 남다른 노력을 아끼지 않았던 우리 학회의 전임회장이자 현 상임고문 박재우 교수(한국외대 중국어과)께 특별히 감사의 말씀을 드린다. 아울러 문고의 출간을 위해 여러 어려움을 모두 극복하고 끝까지 노력해 준 다락원 편집부에도 감사의 말씀을 드린다.

한국중국현대문학학회
다락원 중한대역문고 기획위원회

일러두기

1. 이 책의 번역은 대역문고의 성격을 살리고자, 어색한 한국어를 피하는 수준에서 직역 위주로 번역하였다.

2. 이 책의 표기는 다음과 같은 규칙을 따랐다.

   ① 현대 중국의 인명 및 지명, 중국의 고유명사는 중국어 발음대로 표기하였다. 단, 우리에게 널리 알려진 고유명사는 한자독음대로 표기하였다.

   예 李小青 리샤오칭   北京 베이징
   　　万里长城 만리장성   紫禁城 자금성

   ② 신해혁명을 기준으로 그 이전의 인명 및 지명은 한자독음대로 표기하였다.

   예 诸葛亮 제갈량   长安 장안

   ③ 이 책의 병음표기와 어휘의 뜻은 『中韓辭典』(고대민족문화연구소 편)과 『应用汉语词典』(商务印书馆 편)에 따라 표기하였다. 단, 일부 경성표기나 병음 띄어쓰기의 경우 예외를 두었다.

3. 각 페이지에 제공되는 확인문제의 정답은 바로 다음 페이지 하단에 정리해 두었다.

4. 다락원 중한대역문고는 초·중급 각 10권씩 20권으로 구성되어 있으며, 각 권의 번호와 상관없이 텍스트의 난이도에 따라 Grade1부터 5까지 총 5단계로 분류하였다.

차 례

머리말 4 | 일러두기 7

要下雨了 비가 오려고 해요 ● Track 01　　　　　10

小狐狸卖空气 새끼 여우가 공기를 팔다　　　　16

两只小狮子 두 마리의 새끼 사자　　　　　　　22

연습문제 1 ● Track 02　　　　　　　　　　　　26

小白兔和小灰兔 흰 새끼 토끼와 잿빛 새끼 토끼 ● Track 03　28

小壁虎借尾巴 새끼 도마뱀이 꼬리를 빌리다　　34

捞月亮 달을 건져 올리다　　　　　　　　　　42

연습문제 2 ● Track 04　　　　　　　　　　　　50

狐狸和乌鸦 여우와 까마귀 ● Track 05　　　　52

小马过河 망아지가 강을 건너다　　　　　　　58

연습문제 3 ● Track 06　　　　　　　　　　　　68

清清的溪水 맑디 맑은 시냇물 ● Track 07　　　70

动物过冬 동물이 겨울을 나다	80
骄傲的孔雀 교만한 공작	88
연습문제 4 ● Track 08	96
狼和小羊 이리와 새끼 양 ● Track 09	98
从现在开始 지금부터	102
三只白鹤 세 마리의 흰 학	110
연습문제 5 ● Track 10	114
小鸟和牵牛花 작은 새와 나팔꽃 ● Track 11	116
鸡妈妈的新房子 어미닭의 새집	124
骆驼和羊 낙타와 양	130
연습문제 6 ● Track 12	136
연습문제 모범답안	138
작가소개	144

要下雨了
yào xià yǔ le

小白兔弯着腰在山坡上割草。天气
Xiǎo bái tù wān zhe yāo zài shānpōshang gē cǎo. Tiānqì

很闷，小白兔直起身子，伸了伸腰。
hěn mēn, xiǎo bái tù zhíqǐ shēnzi, shēn le shēn yāo.

小燕子从他头上飞过。小白兔大声
Xiǎo yànzi cóng tā tóushang fēiguò. Xiǎo bái tù dà shēng

喊："燕子，燕子，你为什么飞得这么低
hǎn: "Yànzi, yànzi, nǐ wèishénme fēi de zhème dī

呀？"
ya?"

燕子边飞边说："要下雨了。空气很
Yànzi biān fēi biān shuō: "Yào xià yǔ le. Kōngqì hěn

潮湿，虫子的翅膀沾了小水珠，飞不高。
cháoshī, chóngzi de chìbǎng zhān le xiǎo shuǐzhū, fēi bu gāo.

我正忙着捉虫子呢！"
Wǒ zhèng mángzhe zhuō chóngzi ne!"

弯腰 : 허리를 굽히다 │ 山坡 : 산비탈 │ 割草 : 풀을 베다 │ 闷 : (기압이 낮거나 공기가 통하지 않아) 갑갑하다 │ 直 : 곧게 펴다 │ 伸 : (신체나 물체의 일부분을) 펴다, 펼치다 │ 边~边… : ~하면서 …하다 │ 要~了 : 막 ~하려 하다 │ 潮湿 : 습하다 │ 沾 : 적시다 │ 水珠 : 물방울 │ 忙着 : 서둘러, 바쁘게 │ 捉 : 잡다

비가 오려고 해요

흰 새끼 토끼가 산비탈에서 허리를 굽히고 풀을 뜯고 있었습니다. 날씨가 너무 갑갑해서 새끼 토끼는 몸을 일으켜 세우고는 허리를 폈습니다.

제비가 그의 머리 위로 날아갔습니다. 흰 새끼 토끼가 크게 소리를 질렀습니다. "제비야, 제비야, 너는 왜 이렇게 낮게 나니?"

제비는 날아가면서 말했습니다. "비가 오려고 해. 공기가 아주 습해서 곤충의 날개에 작은 물방울이 묻어 높이 날지를 못하지. 나는 지금 곤충 잡기에 바쁘단다!"

✏️ 다음 중 제비가 낮게 나는 직접적인 이유를 고르시오.

① 空气很潮湿　　② 为了捉虫子　　③ 要下雨了

是要下雨了吗？小白兔往前边池子
Shì yào xià yǔ le ma? xiǎo bái tù wǎng qiánbiān chízi

里一看，小鱼都游到水面上来了。
li yí kàn, xiǎo yú dōu yóudào shuǐmiànshang lái le.

小白兔跑过去，问："小鱼，小鱼，今
Xiǎo bái tù pǎo guòqù, wèn: "Xiǎo yú, xiǎo yú, jīn

天怎么有空出来呀？"
tiān zěnme yǒu kòng chūlái ya?"

小鱼说："要下雨了。水里闷得很，
Xiǎo yú shuō: "Yào xià yǔ le. Shuǐ lǐ mēn de hěn,

我们到水面上来透透气。小白兔，你快
wǒmen dào shuǐmiànshang lái tòutou qì. Xiǎo bái tù, nǐ kuài

回家吧，小心淋着雨。"
huí jiā ba, xiǎoxīn línzháo yǔ."

池子 : 연못 | 有空 : 틈[짬, 겨를]이 있다 | 透气 : 숨을 내쉬다 | 小心 : 조심하다 | 淋雨 : 비에 젖다

비가 오려고 한다고? 흰 새끼 토끼가 앞쪽에 있는 연못을 바라보니, 작은 물고기들이 모두 헤엄쳐서 수면 위로 올라왔습니다.

흰 새끼 토끼가 달려가서 물었습니다. "작은 물고기야, 작은 물고기야, 오늘은 어찌 시간이 나서 나왔니?"

작은 물고기가 말했습니다. "비가 오려고 해. 물속이 아주 답답해서 우리는 수면 위로 나와 숨을 쉬는 거야. 흰 새끼 토끼야, 빨리 집으로 돌아가려무나. 비에 젖을라 조심해."

✏ 다음의 뜻이 되도록 괄호 안에 알맞은 말을 써 넣으시오.

빨리 집에 돌아가려무나. 비에 젖을라 조심해.
→ 你快回家吧, 小心(　　)着雨。

小白兔连忙挎起篮子往家跑。他看
Xiǎo bái tù liánmáng kuàqǐ lánzi wǎng jiā pǎo. Tā kàn

见路边有一大群蚂蚁,就把要下雨的消
jiàn lùbiān yǒu yí dà qún mǎyǐ, jiù bǎ yào xià yǔ de xiāo

息告诉了蚂蚁。一只大蚂蚁说:"是要下
xi gàosu le mǎyǐ. Yì zhī dà mǎyǐ shuō: "Shì yào xià

雨了,我们正忙着搬东西呢!"
yǔ le, wǒmen zhèng mángzhe bān dōngxi ne!"

小白兔加快步子往家跑。他一边跑
Xiǎo bái tù jiākuài bùzi wǎng jiā pǎo. Tā yìbiān pǎo

一边喊:"妈妈,妈妈,要下雨了!"
yìbiān hǎn: "Māma, māma, yào xià yǔ le!"

轰隆隆,天空响起了一阵雷声。哗,
Hōnglōnglōng, tiānkōng xiǎngqǐ le yí zhèn léishēng. Huā,

哗,哗,大雨真的下起来了!
huā, huā, dà yǔ zhēnde xià qǐlái le!

挎 : 팔에 걸다, 팔을 구부려 끼다 | 篮子 : 바구니 | 蚂蚁 : 개미 | 搬 : 옮기다
加快 : 속도를 더하다 | 步子 : 걸음 | 轰隆隆 : 우르릉[천둥 치는 소리] | 响 : 울리다 | 哗 : 쏴쏴[비 내리는 소리]

 흰 새끼 토끼는 급히 바구니를 끼고 집을 향해 달렸습니다. 흰 새끼 토끼는 길가에 한 무더기 개미들이 있는 것을 보고는 곧 비가 오려고 한다는 소식을 개미들에게 알렸습니다. 큰 개미가 말했습니다. "비가 오려고 해서 우리는 지금 서둘러 물건을 옮기고 있단다."

 흰 새끼 토끼는 걸음을 빨리하여 집으로 달려갔습니다. 토끼는 달리면서 소리쳤습니다. "엄마, 엄마, 비가 오려고 해요!"

 '우르릉' 하고 하늘에서 천둥소리가 한바탕 울렸습니다. 쏴, 쏴, 쏴, 큰 비가 정말로 내리기 시작했습니다!

✎ 본문을 읽고 빈칸에 알맞은 말을 써 넣으시오.

 小白兔（1　　）步子往家跑。他一边跑一边喊："妈妈，妈妈，（2　　）下雨了！"

小狐狸卖空气
xiǎo húli mài kōngqì

小狐狸从深山来到城市。他看到许
Xiǎo húli cóng shēnshān láidào chéngshì. Tā kàndào xǔ

多高楼和汽车,感到很新奇。
duō gāolóu hé qìchē, gǎndào hěn xīnqí.

在城里住了几天,小狐狸嗓子干干
Zài chéngli zhù le jǐ tiān, xiǎo húli sǎngzi gāngān

的,鼻子痒痒的,浑身不舒服。
de, bízi yǎngyǎng de, húnshēn bù shūfu.

小狐狸去医院看病。医生对他说:
Xiǎo húli qù yīyuàn kàn bìng. Yīshēng duì tā shuō:

"你得了空气污染过敏症,天天呼吸新
"Nǐ dé le kōngqì wūrǎn guòmǐnzhèng, tiāntiān hūxī xīn

鲜空气就能治好你的病。"
xiān kōngqì jiù néng zhìhǎo nǐ de bìng."

狐狸 : 여우 | 高楼 : 높은 빌딩 | 新奇 : 신기하다, 새롭다 | 嗓子 : 목구멍 | 干干 : 바짝[잘] 마르다 | 痒痒 : 가렵다 | 浑身 : 온몸, 전신 | 看病 : 진찰을 받다, 문병하다 | 污染 : 오염(되다) | 过敏症 : 알레르기 | 治病 : 치료하다

15p 정답 1 加快, 2 要

새끼 여우가 공기를 팔다

새끼 여우가 깊은 산중에서 도시로 왔습니다. 새끼 여우는 많은 고층건물과 자동차를 보고 아주 신기해 했습니다.

도시에서 며칠을 머물렀더니 새끼 여우는 목이 건조하고, 코가 간질간질한 것이 온몸이 편하지가 않았습니다.

새끼 여우는 병원에 진찰을 받으러 갔습니다. 의사가 새끼 여우에게 말했습니다. "너는 공기오염 알레르기에 걸렸단다. 매일같이 신선한 공기를 마시면 병을 고칠 수 있을 거야."

✏️ 다음 문장이 본문의 내용과 일치하면 O, 다르면 ×표 하시오.

在城里住了几天，小狐狸吃得好，睡得好，生活得很舒服。(　)

小狐狸回到深山老家，天天呼吸新
Xiǎo húli huídào shēnshān lǎojiā, tiāntiān hūxī xīn

鲜空气，病很快就好了。他想：我为什
xiān kōngqì, bìng hěn kuài jiù hǎo le. Tā xiǎng: Wǒ wèishén

么不把山里的新鲜空气运到城里去卖
me bù bǎ shānli de xīnxiān kōngqì yùndào chéngli qù mài

呢？
ne?

小狐狸把新鲜空气装进大葫芦带到
Xiǎo húli bǎ xīnxiān kōngqì zhuāngjìn dà húlu dàidào

城里，卖给了一位老奶奶。过了几天，
chéngli, màigěi le yí wèi lǎo nǎinai. Guò le jǐ tiān,

老奶奶高兴地对小狐狸说："吸了你的新
lǎo nǎinai gāoxìng de duì xiǎo húli shuō: "Xī le nǐ de xīn

鲜空气，我的气喘病好多了。我要把这
xiān kōngqì, wǒ de qìchuǎnbìng hǎoduō le. Wǒ yào bǎ zhè

个好消息告诉大家。"
ge hǎo xiāoxi gàosu dàjiā."

老家 : 고향(집)　运 : 운반하다　装 : 담다　葫芦 : 표주박　吸 : 들이마시다
气喘病 : 천식

새끼 여우는 깊은 산중의 고향집으로 돌아가 매일같이 신선한 공기를 마셨더니, 병이 아주 빨리 나았습니다. 그는 생각했습니다. '왜 산속의 신선한 공기를 도시에 가져다 팔지 않지?'

새끼 여우는 신선한 공기를 표주박에 담아서 도시로 가져가 한 늙은 할머니에게 팔았습니다. 며칠이 지나자 늙은 할머니는 기뻐하며 새끼 여우에게 말했습니다. "너의 신선한 공기를 마셨더니 나의 천식이 많이 좋아졌구나. 이 좋은 소식을 모두에게 이야기해 주어야겠다."

✏ 다음 물음에 알맞은 답을 고르시오.

小狐狸把新鲜空气装进哪里？
① 汽车　　② 小罐子　　③ 大葫芦

买新鲜空气的人越来越多。小狐狸就用大罐子把新鲜空气运到城里，开了一家"新鲜空气专卖店"。

几年过去了，城市发生了很大变化，到处是绿树、草坪和鲜花，就像美丽的大花园。人们再也不来买小狐狸的新鲜空气了。

越来越~：갈수록 ~하다 ｜ 罐子：항아리 ｜ 专卖店：전문 판매점 ｜ 发生：발생하다 ｜ 变化：변화(하다) ｜ 草坪：잔디밭 ｜ 鲜花：신선한 꽃 ｜ 花园：화원

신선한 공기를 마시는 사람이 갈수록 많아졌습니다. 새끼 여우는 큰 항아리로 신선한 공기를 도시로 운반해서 '신선한 공기 전문 판매점'을 열었습니다.

몇 년이 지나자 도시에는 큰 변화가 일었습니다. 도처에 푸른 나무, 잔디밭과 꽃이 있어 마치 아름다운 큰 화원 같았습니다. 사람들은 더 이상 새끼 여우의 신선한 공기를 사러 오지 않았습니다.

✏️ 본문을 읽고 괄호 안에 알맞은 말을 써 넣으시오.

几年过去了，城市(1)了很大变化，到处是绿树、草坪和鲜花，就像美丽的大(2)。

两只小狮子
liǎng zhī xiǎo shīzi

狮子妈妈生下了两只小狮子。
Shīzi māma shēngxià le liǎng zhī xiǎo shīzi.

一只小狮子整天练习滚、扑、撕、咬,非常刻苦。另一只却懒洋洋地晒太阳,什么也不干。
Yì zhī xiǎo shīzi zhěngtiān liànxí gǔn、pū、sī、yǎo, fēicháng kèkǔ. Lìng yì zhī què lǎnyāngyāng de shài tài yáng, shénme yě bú gàn.

一棵小树问懒狮子:"你怎么不学点本领啊?"
Yì kē xiǎo shù wèn lǎn shīzi: "Nǐ zěnme bù xué diǎn běnlǐng a?"

懒狮子抬起头来,慢吞吞地说:"我才不去吃那苦头呢!"
Lǎn shīzi táiqǐ tóu lái, màntūntūn de shuō: "Wǒ cái bú qù chī nà kǔtou ne!"

生 : 낳다 | 整天 : 하루 종일 | 滚 : 구르다 | 扑 : 달려들다 | 撕 : 찢다 | 咬 : 물다 | 刻苦 : 몹시 애를 쓰다 | 懒洋洋 : 마음이 내키지 않는 모양 | 晒 : 햇볕을 쪼이다 | 懒 : 게으르다 | 本领 : 재능, 능력 | 慢吞吞 : 느린 모양, 꾸물거리는 모양 | 才 : 강조를 표시함[흔히 구말에 '呢'가 붙음] | 吃苦头 : 고생을 하다

21p 정답 1 发生, 2 花园

두 마리의 새끼 사자

어미 사자가 새끼 사자 두 마리를 낳았습니다.

새끼 사자 한 마리는 온종일 구르기, 달려들기, 찢기, 물기를 연습하였는데, 여간 애를 쓰는 게 아니었습니다. 다른 한 마리는 반대로 내키지 않는 듯 햇볕을 쪼이면서 아무 것도 하지 않았습니다.

작은 나무 한 그루가 게으른 사자에게 물었습니다. "너는 왜 재주를 익히지 않니?"

게으른 사자가 고개를 들고는 느릿느릿 말했습니다. "나는 절대 그런 고생은 안 하지."

🖍 다음 중 사자가 배워야 할 재주가 아닌 것을 고르시오.

① 咬   ② 扑   ③ 撕   ④ 爬

小树说:"那你以后怎样生活呢?"
Xiǎo shù shuō: "Nà nǐ yǐhòu zěnyàng shēnghuó ne?"

懒狮子说:"我爸爸和妈妈是林中的大王,凭着他们的地位,我会生活得很好!"
Lǎn shīzi shuō: "Wǒ bàba hé māma shì lín zhōng de dàwáng, píng zhe tāmen de dìwèi, wǒ huì shēnghuó de hěn hǎo!"

这话被狮子妈妈听到了,她对懒狮子说:"孩子,将来我们老了,不在了,你靠谁呢?你也应该学会生活的本领,做一只真正的狮子!"
Zhè huà bèi shīzi māma tīngdào le, tā duì lǎn shīzi shuō: "Háizi, jiānglái wǒmen lǎo le, bú zài le, nǐ kào shéi ne? Nǐ yě yīnggāi xuéhuì shēnghuó de běnlǐng, zuò yì zhī zhēnzhèng de shīzi!"

那:그러면　凭:의지하다　地位:지위　被:~에게 당하다　靠:의지하다　学会:배워서 알다, 배워서 할 수 있(게 되)다

　작은 나무가 말했습니다. "그러면 너는 앞으로 어떻게 생활할 건데?"

　게으른 사자가 말했습니다. "우리 아빠와 엄마는 숲속의 대왕이시니, 나는 그분들의 지위에 의지해서 아주 잘 지낼 수 있어."

　이 이야기가 어미 사자의 귀에 들어갔습니다. 어미 사자는 게으른 사자에게 말했습니다. "애야, 앞으로 우리가 늙어서 없으면, 너는 누구를 의지할 거지? 너도 마땅히 생활하는 재주를 배워서 진정한 사자가 되어야 해."

✏️ 본문의 내용과 일치하도록 괄호 안의 단어들을 올바르게 배열하시오.

　一棵小树问懒狮子:"(点 / 不 / 本领 / 怎么 / 你 / 啊 / 学)?"

　→

연습문제 1

1 녹음을 듣고 다음 빈칸에 들어갈 단어나 어구를 써 넣으시오.

(1) 小白兔往前边池子里一看,小鱼都 ____ 水面上来了。

(2) 小狐狸把新鲜空气装进大葫芦 ____ 城里。

(3) 我 ____ 他们的地位,我会生活得很好!

2 다음이 「要下雨了」의 내용과 일치하면 ○, 다르면 ×표를 하시오.

(1) 因为要下雨,一大群蚂蚁正忙着搬东西。 ____

(2) 天空响起了一阵雷声,但大雨终于没下来。 ____

3 「两只小狮子」를 읽고, 다음 물음에 중국어로 답하시오.

(1) 懒狮子怎么不学点本领?

▶ ____

(2) 将来父母老了,不在了,孩子要靠什么来生活?

▶ ____

25p 정답 你怎么不学点本领啊

4 다음 각 문장을 자연스러운 우리말로 옮기시오.

(1) 天气很闷，小白兔直起身子，伸了伸腰。

▶

(2) 他想: 我为什么不把山里的新鲜空气运到城里去卖呢？

▶

5 다음 각 문장을 자연스러운 중국어로 옮기시오.

(1) 공기가 아주 습해서 벌레의 날개에 작은 물방울이 묻어 높이 날지를 못한단다.

▶

(2) 어미 사자가 새끼 사자 두 마리를 낳았습니다.

▶

小白兔和小灰兔
xiǎo bái tù hé xiǎo huī tù

老山羊在地里收白菜,小白兔和小灰兔来帮忙。
Lǎo shānyáng zài dìli shōu báicài, xiǎo bái tù hé xiǎo huī tù lái bāng máng.

收完白菜,老山羊把一车白菜送给小灰兔。小灰兔收下了,说:"谢谢您!"
Shōuwán báicài, lǎo shānyáng bǎ yì chē báicài sònggěi xiǎo huī tù. Xiǎo huī tù shōuxià le, shuō: "Xièxie nín!"

老山羊又把一车白菜送给小白兔。
Lǎo shānyáng yòu bǎ yì chē báicài sònggěi xiǎo bái tù.

小白兔说:"我不要白菜,请您给我一些菜子吧。"老山羊送给小白兔一包菜子。
Xiǎo bái tù shuō: "Wǒ bú yào báicài, qǐng nín gěi wǒ yì xiē càizǐ ba." Lǎo shānyáng sònggěi xiǎo bái tù yì bāo càizǐ.

山羊 : 염소 | 收 : 수확(하다) | 白菜 : 배추 | 帮忙 : 일(손)을 돕다, 원조하다
收下 : 받다 | 一些 : 약간의 | 菜子 : 야채의 씨앗

흰 새끼 토끼와 잿빛 새끼 토끼

염소가 밭에서 배추를 수확하는데, 흰 새끼 토끼와 잿빛 새끼 토끼가 도우러 왔습니다.

배추를 다 거두어들이자 염소는 배추 한 수레를 잿빛 새끼 토끼에게 주었습니다. 잿빛 새끼 토끼가 그것을 받고는 말했습니다. "고맙습니다!"

염소는 또 배추 한 수레를 흰 새끼 토끼에게 주었습니다. 흰 새끼 토끼가 말했습니다. "저는 배추는 됐습니다. 저에게 배추씨를 좀 주십시오." 염소는 흰 새끼 토끼에게 배추씨를 한 봉지 주었습니다.

본문을 참조하여 다음 문장을 중국어로 옮기시오.

늙은 염소는 배추 한 수레를 잿빛 새끼 토끼에게 주었습니다.

→

小白兔回到家里，把地翻松了，种上菜子。
Xiǎo bái tù huídào jiāli, bǎ dì fānsōng le, zhòng shàng càizǐ.

过了几天，白菜长出来了。小白兔常常给白菜浇水，施肥，拔草，捉虫。白菜很快就长大了。
Guò le jǐ tiān, báicài zhǎng chūlái le. Xiǎo bái tù chángcháng gěi báicài jiāo shuǐ, shī féi, bá cǎo, zhuō chóng. Báicài hěn kuài jiù zhǎngdà le.

小灰兔把一车白菜拉回家里。他不干活了，饿了就吃老山羊送的白菜。
Xiǎo huī tù bǎ yì chē báicài lāhuí jiāli. Tā bú gàn huó le, è le jiù chī lǎo shānyáng sòng de báicài.

过了些日子，小灰兔把白菜吃完了，又到老山羊家里去要白菜。
Guò le xiē rìzi, xiǎo huī tù bǎ báicài chīwán le, yòu dào lǎo shānyáng jiāli qù yào báicài.

翻松: 갈아서 부드럽게 하다 种: 심다 长: 자라다 浇水: 물을 뿌리다
施肥: 비료를 주다 拔草: 풀을 뽑다 拉: 끌다, 당기다 干活: 일을 하다
饿: 배고프다 过: 지나다, 경과하다[어느 지점이나 시점을 지나는 것을 일컬음]

29p 정답 老山羊把一车白菜送给小灰兔。

  흰 새끼 토끼는 집으로 돌아와 땅을 부드럽게 갈고 배추씨를 심었습니다.

  며칠이 지나자 배추가 자라났습니다. 흰 새끼 토끼는 배추에 늘 물을 뿌리고, 비료를 주며, 풀을 뽑고 벌레를 잡아주었습니다. 배추는 아주 빨리 자라났습니다.

  잿빛 새끼 토끼는 배추 한 수레를 끌고 집으로 돌아왔습니다. 그는 일을 하지 않고 배가 고프면 염소가 준 배추를 먹었습니다.

  얼마 후, 잿빛 새끼 토끼는 배추를 다 먹어 버리고는 또 염소 집에 배추를 얻으러 갔습니다.

✏️ 본문을 읽고 괄호 안에 알맞은 말을 써 넣으시오.

    小白兔回到家里，把地(1   )了，(2   )菜子。

这时候，他看见小白兔挑着一担白菜，给老山羊送来了。小灰兔很奇怪，问道："小白兔，你的菜是哪儿来的？"

小白兔说："是我自己种的。只有自己种，才有吃不完的菜。"

挑：(멜대로) 메다, 짊어지다 ｜ 担：(멜대로 매는) 짐을 세는 데 쓰임 ｜ 奇怪：이상히 여기다 ｜ 问道：묻다 ｜ 只有：~해야만, 오직 ｜ 才：비로소

이때 잿빛 새끼 토끼는 흰 새끼 토끼가 배추를 한 짐 메고 염소에게 갖다 주는 것을 보았습니다. 잿빛 새끼 토끼가 이상히 여겨 물었습니다. "흰 새끼 토끼야, 너의 배추는 어디에서 난 거니?"

흰 새끼 토끼가 말했습니다. "내가 직접 심은 거야. 직접 심어야만 끝없이 먹을 수 있는 배추가 생기는 거야."

✏️ 다음과 같은 뜻이 되도록 괄호 안에 알맞은 단어를 써 넣으시오.

직접 심어야만 끝없이 먹을 수 있는 배추가 생기는 거야.

(1   )自己种, (2   )有吃不完的菜。

小壁虎借尾巴
xiǎo bìhǔ jiè wěiba

小壁虎在墙角捉蚊子,一条蛇咬住
Xiǎo bìhǔ zài qiángjiǎo zhuō wénzi, yì tiáo shé yǎozhù

了他的尾巴。小壁虎一挣,挣断尾巴逃
le tā de wěiba. Xiǎo bìhǔ yí zhèng, zhèngduàn wěiba táo

走了。
zǒu le.

没有尾巴多难看哪!小壁虎想,向
Méiyǒu wěiba duō nánkàn na! Xiǎo bìhǔ xiǎng, xiàng

谁去借一条尾巴呢?
shéi qù jiè yì tiáo wěiba ne?

壁虎 : 도마뱀 | 借 : 빌리다 | 尾巴 : 꼬리 | 墙角 : 담·벽의 모퉁이 | 蚊子 : 모기 | 蛇 : 뱀 | 挣 : 필사적으로 애쓰다 | 逃走 : 도망가다 | 难看 : 보기 싫다

33p 정답 1 只有, 2 才

새끼 도마뱀이 꼬리를 빌리다

 새끼 도마뱀이 담모퉁이에서 모기를 잡는데, 뱀 한 마리가 그의 꼬리를 물었습니다. 새끼 도마뱀은 죽어라 애를 써서 꼬리를 자르고 달아났습니다.

 꼬리가 없으니 얼마나 보기가 흉하던지! 새끼 도마뱀은 생각했습니다. '누구한테 가서 꼬리를 빌린다지?'

✏️ 다음 중 단어와 한어병음이 잘못 연결된 것을 고르시오.

① 壁虎 — bìhú
② 墙角 — qiángjiǎo
③ 蛇 — shé
④ 难看 — nánkàn

小壁虎爬呀爬,爬到小河边。他看
Xiǎo bìhǔ pá ya pá, pádào xiǎo hébiān. Tā kàn

见小鱼摇着尾巴,在河里游来游去。小
jiàn xiǎo yú yáo zhe wěiba, zài héli yóu lái yóu qù. Xiǎo

壁虎说:"小鱼姐姐,您把尾巴借给我行
bìhǔ shuō: "Xiǎo yú jiějie, nín bǎ wěiba jiègěi wǒ xíng

吗?"小鱼说:"不行啊,我要用尾巴拨
ma?" Xiǎo yú shuō: "Bù xíng a, wǒ yào yòng wěiba bō

水呢。"
shuǐ ne."

小壁虎爬呀爬,爬到大树上。他看
Xiǎo bìhǔ pá ya pá, pádào dà shùshang. Tā kàn

见老牛甩着尾巴,在树下吃草。小壁虎
jiàn lǎo niú shuǎi zhe wěiba, zài shù xià chī cǎo. Xiǎo bìhǔ

说:"牛伯伯,您把尾巴借给我行吗?"
shuō: "Niú bóbo, nín bǎ wěiba jiègěi wǒ xíng ma?"

老牛说:"不行啊,我要用尾巴赶蝇子
Lǎo niú shuō: "Bù xíng a, wǒ yào yòng wěiba gǎn yíngzi

呢。"
ne."

摇 : (손·머리·꼬리 등을) 흔들다 | 行 : 좋다, 괜찮다, 충분하다 | 拨 : (손·발 따위를 옆으로) 밀어 움직이다 | 甩 : 흔들다, 휘두르다 | 赶 : 쫓다 | 蝇子 : 파리

새끼 도마뱀은 기고 또 기어서 냇가로 왔습니다. 도마뱀은 물고기가 꼬리를 흔들며 물속에서 왔다 갔다 헤엄치는 것을 보았습니다. 새끼 도마뱀이 말했습니다. "물고기 누나, 꼬리를 저에게 빌려 주실 수 있나요?" 물고기가 말했습니다. "안 돼, 나는 꼬리로 물을 밀어야 하거든."

새끼 도마뱀은 또 기고 기어서 큰 나무 위에 올라갔습니다. 그는 소가 꼬리를 흔들면서 나무 아래에서 풀을 뜯는 것을 보았습니다. 새끼 도마뱀이 말했습니다. "소 아저씨, 꼬리를 저에게 빌려 주시겠어요?" 소가 말했습니다. "안 되지, 나는 꼬리로 파리를 쫓아야 하거든."

✏️ 본문을 읽고 괄호 안에 알맞은 말을 써 넣으시오.

　　小鱼说："不行啊，我要用尾巴(　　　　)呢。"

小壁虎爬呀爬，爬到房檐下。他看
Xiǎo bìhǔ pá ya pá, pádào fángyán xià. Tā kàn

见燕子摆着尾巴，在空中飞来飞去。小
jiàn yànzi bǎi zhe wěiba, zài kōngzhōng fēi lái fēi qù. Xiǎo

壁虎说："燕子阿姨，您把尾巴借给我行
bìhǔ shuō: "Yànzi āyí, nín bǎ wěiba jiègěi wǒ xíng

吗？"燕子说："不行啊，我要用尾巴掌
ma?" Yànzi shuō: "Bù xíng a, wǒ yào yòng wěiba zhǎng

握方向呢。"
wò fāngxiàng ne."

房檐 : 처마 | 摆 : 펼치다, 흔들다 | 阿姨 : 이모, 아주머니 | 掌握 : 파악하다, 관리하다

37p 정답 拨水

새끼 도마뱀은 계속 기어서 처마 밑까지 갔습니다. 그는 제비가 꼬리를 펼치고 공중에서 날아 다니는 것을 보았습니다. 새끼 도마뱀이 말했습니다. "제비 아주머니, 꼬리를 저에게 빌려 줄 수 있으세요?" 제비가 말했습니다. "안 된단다. 나는 꼬리로 방향을 잡아야 하거든."

✏️ 다음 문장이 본문의 내용과 일치하면 O, 다르면 ×표 하시오.

燕子用尾巴赶蝇子。（　）

小壁虎借不到尾巴,心里很难过。
Xiǎo bìhǔ jiè bu dào wěiba, xīnli hěn nánguò.

他爬呀爬,爬回家里找妈妈。
Tā pá ya pá, páhuí jiāli zhǎo māma.

小壁虎把借尾巴的事告诉了妈妈。
Xiǎo bìhǔ bǎ jiè wěiba de shì gàosu le māma.

妈妈笑着说:"傻孩子,你转过身子看看。"小壁虎转身一看,高兴地叫起来:"我长出一条新尾巴啦!"
Māma xiào zhe shuō: "Shǎ háizi, nǐ zhuǎnguò shēnzi kàn kan." Xiǎo bìhǔ zhuǎn shēn yí kàn, gāoxìng de jiào qǐlái: "Wǒ zhǎngchū yì tiáo xīn wěiba la!"

难过 : 괴롭다, 슬프다 傻 : 어리석다 转身 : 몸을 돌리다, 돌아서다

   새끼 도마뱀은 꼬리를 빌리지 못해 몹시 괴로웠습니다. 그는 기고 또 기어서 집으로 돌아가 엄마를 찾았습니다.
   새끼 도마뱀은 꼬리를 빌리려고 한 일을 엄마에게 이야기했습니다. 엄마가 웃으며 말했습니다. "어리석긴, 몸을 한번 돌려 보거라." 새끼 도마뱀이 몸을 돌려 보고는 기뻐하며 외쳤습니다. "나에게 새로운 꼬리가 생겼네!"

🖍 본문을 참조하여 다음 문장을 중국어로 옮기시오.

   새끼 도마뱀은 꼬리를 빌리지 못해 몹시 괴로웠습니다.

→

捞月亮
lāo yuèliang

有只小猴子在井边玩。他往井里一看，里面有个月亮。小猴子叫起来："糟啦，糟啦！月亮掉在井里啦！"
Yǒu zhī xiǎo hóuzi zài jǐngbiān wán. Tā wǎng jǐng lǐ yí kàn, lǐmian yǒu ge yuèliang. Xiǎo hóuzi jiào qǐlái: "Zāo la, zāo la! Yuèliang diàozài jǐng lǐ la!"

大猴子听见了，跑过来一看，跟着叫起来："糟啦，糟啦！月亮掉在井里啦！"
Dà hóuzi tīngjiàn le, pǎo guòlái yí kàn, gēnzhe jiào qǐlái: "Zāo la, zāo la! Yuèliang diàozài jǐng lǐ la!"

捞 : 건지다 | 往 : ~를 향하다 | 起来 : ~하기 시작하다 | 糟 : 야단나다, 망치다 | 掉 : 떨어지다 | 听见 : 들리다, 듣다 | 跑 : 달리다 | 过来 : (다른 한 지점에서 말하는 사람 또는 서술의 대상 쪽으로) 오다 | 跟着 : ~와 함께, ~에 따라, 곧이어서

41p 정답　小壁虎借不到尾巴，心里很难过。

달을 건져 올리다

새끼 원숭이 한 마리가 우물가에서 놀았습니다. 새끼 원숭이가 우물 안을 보니, 그 속에 달이 있었습니다. 새끼 원숭이가 외쳤습니다. "야단났다, 야단났다! 달이 우물 속에 빠졌다!"

어른 원숭이가 듣고 달려와 보고는 따라서 소리쳤습니다. "야단났다, 야단났어! 달이 우물 속에 빠졌다!"

📝 본문을 읽고 괄호 안에 알맞은 말을 써 넣으시오.

有只小猴子在井边(1   )。他(2   )井里一看, 里面有个月亮。

老猴子听见了，跑过来一看，也跟
Lǎo hóuzi tīngjiàn le, pǎo guòlái yí kàn, yě gēn

着叫起来："糟啦，糟啦！月亮掉在井里
zhe jiào qǐlái: "Zāo la, zāo la! Yuèliang diàozài jǐng lǐ

啦！"
la!"

附近的猴子听见了，都跑过来看。
Fùjìn de hóuzi tīngjiàn le, dōu pǎo guòlái kàn.

大家跟着叫起来："糟啦，糟啦！月亮掉
Dàjiā gēnzhe jiào qǐlái: "Zāo la, zāo la! Yuèliang diào

在井里啦！咱们快把它捞上来！"
zài jǐng lǐ la! Zánmen kuài bǎ tā lāo shànglái!"

附近 : 근처 | 咱们 : 우리

늙은 원숭이도 듣고 달려와 보고는 따라서 소리쳤습니다. "야단났다, 야단났어! 달이 우물 속에 빠졌어!"

부근의 원숭이들이 듣고 모두 달려와 보았습니다. 모두들 따라서 외쳤습니다. "야단났다, 야단났어! 달이 우물 속에 빠졌다! 우리 빨리 달을 건져 올리자!"

🖉 다음 중 동사의 의미로 볼 때 방향보어가 잘못 연결된 것을 고르시오.

① 跑过来　② 跳起来　③ 掉上来　④ 捞上来

猴子们爬上了井旁边的大树。老猴
Hóuzimen páshàng le jǐng pángbiān de dà shù. Lǎo hóu

子倒挂在树上，拉住大猴子的脚。大猴
zi dàoguàzài shùshang, lāzhù dà hóuzi de jiǎo. Dà hóu

子也倒挂着，拉住另一只猴子的脚。猴
zi yě dàoguà zhe, lāzhù lìng yì zhī hóuzi de jiǎo. Hóu

子们就这样一只接一只，一直挂到井里
zimen jiù zhèyàng yì zhī jiē yì zhī, yìzhí guàdào jǐng lǐ

头，小猴子挂在最下边。
tou, xiǎo hóuzi guàzài zuì xiàbian.

小猴子伸手去捞月亮。手刚碰到
Xiǎo hóuzi shēn shǒu qù lāo yuèliang. Shǒu gāng pèngdào

水，月亮就不见了。
shuǐ, yuèliang jiù bú jiàn le.

爬上：기어 올라가다　倒挂：거꾸로 걸리다　拉住：붙잡다　另：다른, 그 밖의, 별도로　接：잇다　一直：곧장　里头：속　下边：아래쪽　碰：건드리다, (우연히) 만나다

원숭이들은 우물가의 큰 나무에 기어 올라갔습니다. 늙은 원숭이가 나무에 거꾸로 매달려 어른 원숭이의 다리를 잡았습니다. 어른 원숭이도 거꾸로 매달려 또 다른 원숭이의 다리를 잡았습니다. 원숭이들은 이렇게 한 마리씩 이어서 곧장 우물 속까지 매달려 들어갔고, 새끼 원숭이가 가장 아래쪽에 매달렸습니다.

새끼 원숭이는 달을 건져 올리려고 손을 뻗었으나, 손이 물에 닿는 순간 달이 사라졌습니다.

🖍 본문을 읽고 가장 아래에 매달린 것은 다음 중 누구인지 고르시오.

① 大猴子　② 小猴子　③ 老猴子　④ 附近的猴子

老猴子一抬头，看见月亮还在天
Lǎo hóuzi yì tái tóu, kànjiàn yuèliang hái zài tiān

上。他喘着气，说："不用捞了，不用捞
shàng. Tā chuǎn zhe qì, shuō: "Búyòng lāo le, búyòng lāo

了，月亮好好地挂在天上呢！"
le, yuèliang hǎohāo de guàzài tiānshàng ne!"

늙은 원숭이가 고개를 들어 보니 달이 여전히 하늘에 걸려 있었습니다. 그는 한숨 돌리고는 말했습니다. "건질 필요없다, 건질 필요없어. 달은 하늘에 아주 잘 걸려 있는걸."

抬头 : 머리를 들다 | 喘气 : 한숨 돌리다, 숨을 헐떡이다 | 不用 : ~할 필요가 없다 | 好好 : 잘, 충분히

🖍 다음 중 단어와 뜻이 잘못 연결된 것을 고르시오.

① 伸手 — 손을 뻗다 ② 捞月亮 — 달을 건져 올리다
③ 抬头 — 하늘을 보다 ④ 喘气 — 한숨 돌리다

연습문제 2

1 녹음을 듣고 다음 빈칸에 들어갈 단어나 어구를 써 넣으시오.

(1) 小白兔常常给白菜　　　，施肥，拔草，捉虫。

(2) 妈妈笑着说："傻孩子，你　　　身子看看。"

(3) 猴子们就这样一只接一只，一直　　　井里头。

2 다음 중「小白兔和小灰兔」의 내용과 일치하는 것을 고르시오.

① 小白兔不要白菜，要一些菜子

② 小白兔不干活了，饿了就吃老山羊送的白菜

③ 小灰兔要菜子，老山羊就把菜子送给他了

3 「小壁虎借尾巴」를 읽고, 다음 물음에 중국어로 답하시오.

(1) 小壁虎的尾巴什么时候被一条蛇咬住了呢？
▸

(2) 小鱼用尾巴做什么呢？
▸

4 다음 각 문장을 자연스러운 우리말로 옮기시오.

(1) 这时候，小灰兔看见小白兔挑着一担白菜，给老山羊送来了。

▶

(2) 小猴子伸手去捞月亮。手刚碰到水，月亮就不见了。

▶

5 다음 각 문장을 자연스러운 중국어로 옮기시오.

(1) 새끼 도마뱀은 생각했습니다. '누구한테 가서 꼬리를 빌린다지?'

▶

(2) 어른 원숭이도 거꾸로 매달려 또 다른 원숭이의 다리를 잡았습니다.

▶

狐狸和乌鸦
húli hé wūyā

乌鸦在大树上做了个窝。大树底下
Wūyā zài dà shùshang zuò le ge wō. Dà shù dǐxia

有个洞,洞里住着狐狸。
yǒu ge dòng, dòngli zhù zhe húli.

有一天,乌鸦飞出去给她的孩子找
Yǒu yì tiān, wūyā fēi chūqù gěi tā de háizi zhǎo

吃的。她找到一片肉,叼了回来,站在
chī de. Tā zhǎodào yí piàn ròu, diāo le huílái, zhànzài

窝旁边的树枝上,心里很高兴。
wō pángbiān de shùzhīshang, xīnli hěn gāoxìng.

这时候,狐狸也出来找吃的。他抬
Zhèshíhou, húli yě chūlái zhǎo chī de. Tā tái

起头一看,乌鸦嘴里叼着一片肉,馋得
qǐ tóu yí kàn, wūyā zuǐli diāo zhe yí piàn ròu, chán de

直流口水。
zhí liú kǒushuǐ.

乌鸦:까마귀 | 做窝:둥지를 짓다 | 底下:밑, 아래, ~방면 | 洞:구멍 | 片:조각 | 叼:(입에) 물다 | 站:서다, (나무 등에) 앉다 | 馋:식욕이 많다, 몹시 부럽다 | 直:줄곧, 내내, 곧장 | 口水:침

여우와 까마귀

까마귀가 큰 나무 위에 둥지를 틀었습니다. 큰 나무 아래에는 구멍이 있었는데, 구멍 안에는 여우가 살고 있었습니다.

어느 날, 까마귀는 새끼에게 먹을 것을 찾아 주려고 밖으로 날아갔습니다. 까마귀는 고기 한 조각을 찾아서 입에 물고 돌아와서는 둥지 근처의 나뭇가지에 앉았습니다. 기분이 아주 좋았습니다.

이때 여우도 먹을 것을 찾으러 나왔습니다. 여우는 고개를 들어 까마귀 입에 고기 한 조각을 물고 있는 것을 보고는 먹고 싶어서 침을 질질 흘렸습니다.

✏️ 밑줄 친 단어의 한어병음을 각각 쓰시오.

乌鸦找到一片肉，叼了回来，站在窝旁边的树枝上，心里很高兴。

狐狸想了想，就笑着对乌鸦说：“您
Húli xiǎng le xiǎng, jiù xiào zhe duì wūyā shuō: "Nín

好，亲爱的乌鸦！”乌鸦不做声。
hǎo, qīn'ài de wūyā!" Wūyā bú zuò shēng.

狐狸又说：“亲爱的乌鸦，您的孩子
Húli yòu shuō: "Qīn'ài de wūyā, nín de háizi

好吗？”乌鸦看了狐狸一眼，还是不做
hǎo ma?" Wūyā kàn le húli yì yǎn, háishi bú zuò

声。
shēng.

做声 : 소리를 내다, 입을 떼다 | 还是 : 여전히

    여우는 한참을 생각하고는 웃으면서 까마귀에게 말했습니다. "안녕하세요, 친애하는 까마귀님!" 까마귀는 아무 말도 하지 않았습니다.

    여우가 또 말했습니다. "친애하는 까마귀님, 댁의 아이는 잘 지내나요?" 까마귀는 여우를 흘끗 보고는, 여전히 아무 소리도 내지 않았습니다.

✏️ 다음 중 본문에 나타난 여우의 성격을 가장 잘 묘사한 단어를 고르시오.

   ① 善良   ② 狡猾   ③ 热情   ④ 啰嗦

狐狸又说："亲爱的乌鸦，您的羽毛
Húli yòu shuō: "Qīn'ài de wūyā, nín de yǔmáo

真漂亮，麻雀比起您来，可就差多了。
zhēn piàoliang, máquè bǐqǐ nín lái, kě jiù chàduō le.

您的嗓子真好，谁都爱听您唱歌。您唱
Nín de sǎngzi zhēn hǎo, shéi dōu ài tīng nín chàng gē. Nín chàng

几句吧！"
jǐ jù ba!"

乌鸦听了狐狸的话，得意极了，就
Wūyā tīng le húli de huà, déyì jíle, jiù

唱起歌来。哇……她刚一张嘴，肉就掉
chàngqǐ gē lái. Wā…… Tā gāng yì zhāng zuǐ, ròu jiù diào

下来了。
xiàlái le.

狐狸叼起肉，钻进洞里去了。
Húli diāoqǐ ròu, zuānjìn dòng lǐ qù le.

羽毛：깃털 麻雀：참새 比：비교하다 差：차이가 나다, 모자라다 嗓
子：목소리, 목(구멍) 爱：~하는 것을 좋아하다 唱歌：노래를 부르다 得
意：의기양양하다, 뜻을 이루다 极了：몹시, 매우[성질이나 상태를 나타내는 형
용사나 동사의 뒤에 쓰여 그 정도가 가장 심함을 나타냄] 哇：까악, 엉엉[울음 소
리] 一~就…：~하자 곧 …하다, ~하기만 하면 …하다 张嘴：입을 벌리다
钻：(뚫고) 들어가다[지나가다]

여우가 또 말했습니다. "친애하는 까마귀님, 깃털이 정말 아름답네요. 참새는 당신에 비하면 한참 떨어지네요. 까마귀님의 목소리는 정말 좋군요. 당신이 노래 부르는 것을 누구나 다 즐겨 듣지요. 노래 몇 소절만 불러 주세요!"

까마귀는 여우의 말을 듣고는 아주 의기양양해져서 노래를 부르기 시작했습니다. "까악……." 까마귀가 입을 벌리자 바로 고기가 떨어졌습니다.

여우는 고기를 물고는 구멍 속으로 들어가 버렸습니다.

다음 중 까마귀를 '得意极了'하게 한 여우의 말이 아닌 것을 고르시오.

① 您的孩子好吗　　② 您的羽毛真漂亮　　③ 您的嗓子真好

小马过河
xiǎo mǎ guò hé

马棚里住着一匹老马和一匹小马。
Mǎpéngli zhù zhe yì pǐ lǎo mǎ hé yì pǐ xiǎo mǎ.

有一天,老马对小马说:"你已经长大了,能帮妈妈做点事吗?" 小马连蹦带跳地说: "怎么不能?我很愿意帮您做事。"老马高兴地说:"那好哇,你把这半口袋麦子驮到磨坊去吧。"
Yǒu yì tiān, lǎo mǎ duì xiǎo mǎ shuō: "Nǐ yǐjing zhǎng dà le, néng bāng māma zuò diǎn shì ma?" Xiǎo mǎ lián bèng dài tiào de shuō: "Zěnme bù néng? Wǒ hěn yuànyi bāng nín zuò shì." Lǎo mǎ gāoxìng de shuō: "Nà hǎo wa, nǐ bǎ zhè bàn kǒudài màizi tuódào mòfáng qù ba."

马棚 : 마구간　匹 : 필[말・노새 따위의 가축을 세는 단위]　长大 : 크다, 장성하다　帮 : 돕다　连~带… : ~하고 …하면서[두 동작이 이어서 거의 동시에 진행됨을 나타냄]　蹦 : 껑충[팔짝] 뛰다　跳 : (껑충) 뛰(어 오르)다　口袋 : 부대　麦子 : 보리　驮 : (주로 짐승의) 등에 지우다, 싣다　磨坊 : 방앗간

망아지가 강을 건너다

마구간에 어미 말 한 마리와 망아지 한 마리가 살고 있었습니다. 하루는 어미 말이 망아지에게 말했습니다. "너는 이미 다 컸으니, 엄마 일을 좀 도와 줄 수 있겠니?" 망아지는 팔짝팔짝 뛰면서 말했습니다. "당연하죠. 저는 엄마 일을 도와 드리고 싶어요." 어미 말은 기뻐하며 말했습니다. "그렇다면 좋다. 너 이 보리 반 부대를 방앗간까지 지고 가거라."

✏️ 다음 뜻이 되도록 괄호 안에 알맞은 단어를 써 넣으시오.

망아지는 팔짝팔짝 뛰면서 말했습니다. "당연하죠. 저는 엄마 일을 도와 드리고 싶어요."

→ 小马(1　　)蹦(2　　)跳地说:"怎么不能？我很愿意帮妈妈做事。"

小马驮起口袋，飞快地往磨坊跑
Xiǎo mǎ tuóqǐ kǒudài, fēikuài de wǎng mòfáng pǎo

去。跑着跑着，一条小河挡住了去路，
qù. Pǎo zhe pǎo zhe, yì tiáo xiǎo hé dǎngzhù le qùlù,

河水哗哗地流着。小马为难了，心想：
héshuǐ huāhuā de liú zhe. Xiǎo mǎ wéinán le, xīn xiǎng:

我能不能过去呢？如果妈妈在身边，问
Wǒ néng bu néng guòqù ne? Rúguǒ māma zài shēnbiān, wèn

问她该怎么办，那多好哇！可是他离家
wen tā gāi zěnme bàn, nà duō hǎo wa! Kěshì tā lí jiā

很远了。
hěn yuǎn le.

小马向四周望望，看见一头老牛在
Xiǎo mǎ xiàng sìzhōu wàngwang, kànjiàn yì tóu lǎo niú zài

河边吃草。小马嗒嗒嗒跑过去，问道：
hébiān chī cǎo. Xiǎo mǎ dādādā pǎo guòqù, wèndào:

"牛伯伯，请您告诉我，这条河，我能趟
"Niú bóbo, qǐng nín gàosu wǒ, zhè tiáo hé, wǒ néng tāng

过去吗？"老牛说："水很浅，刚没小腿，
guòqù ma?" Lǎo niú shuō: "Shuǐ hěn qiǎn, gāng mò xiǎo tuǐ,

能趟过去。"
néng tāng guòqù."

망아지는 부대를 지고는 나는 듯 빠르게 방앗간을 향해 달려갔습니다. 한참을 달리자 냇물이 앞길을 가로막았습니다. 냇물이 콸콸 흐르고 있었습니다. 망아지는 난처해하며 마음속으로 생각했습니다. '내가 건널 수 있을까? 만약 엄마가 곁에 있어서 어떻게 해야 하는지 물을 수 있다면 얼마나 좋을까!' 그러나 망아지는 집에서 아주 멀리 떨어져 있었습니다.

망아지는 사방을 둘러보다가 늙은 소 한 마리가 강가에서 풀을 뜯어먹고 있는 것을 보았습니다. 망아지는 달가닥달가닥 뛰어가서 물었습니다. "소 아저씨, 좀 알려 주세요. 이 냇물, 제가 걸어서 건널 수 있을까요?" 늙은 소가 말했습니다. "물이 아주 얕아서 겨우 아랫다리가 잠기니 건너갈 수 있단다."

飞快: 재빠르다, 날래다 | 挡住: 가로막다 | 去路: 가는 길, 진로 | 为难: 난처하다 | 离: ~로부터 | 四周: 사방 | 嗒嗒嗒: 달가닥달가닥[말굽 따위의 소리] | 趟: (진창·얕은 물·풀밭 따위를) 걸어서 건너다 | 浅: 얕다 | 没: 잠기다 | 小腿: 아랫다리

✏️ 본문을 읽고 빈칸에 알맞은 말을 써 넣으시오.

小马（1　　　）了，心想：我能不能过去呢？如果妈妈在身边，问问她（2　　　）怎么办，那多好哇！

小马听了老牛的话，立刻跑到河边，准备趟过去。突然从树上跳下一只松鼠，拦住他大叫："小马！别过河，别过河，你会淹死的！"小马吃惊地问："水很深吗？"松鼠认真地说："深得很哩！昨天，我的一个伙伴就是掉在这条河里淹死的！"

小马连忙收住脚步，不知道怎么办才好。他叹了口气，说："唉！还是回家问问妈妈吧！"

突然 : 갑자기 拦住 : 가로막다 淹死 : 빠져 죽다 吃惊 : (깜짝) 놀라다
伙伴 : 친구 连忙 : 급히 收住 : 거두어들이다 叹气 : 한숨을 내쉬다

61p 정답 1 为难, 2 该

  망아지는 늙은 소의 말을 듣고 즉각 강가로 달려가서 냇물을 건너려고 했습니다. 갑자기 나무에서 다람쥐 한 마리가 뛰어 내려와서는 그를 막으며 큰 소리로 말했습니다. "망아지야, 냇물을 건너지 마, 건너서는 안 돼. 너는 빠져 죽을 거야!" 망아지가 놀라 물었습니다. "물이 깊니?" 다람쥐가 진지하게 대답했습니다. "아주 깊어. 어제 내 친구 하나가 이 냇물에 떨어져서 빠져 죽었어!"

  망아지는 급히 발걸음을 거두고는 어떻게 해야 좋을지를 몰랐습니다. 망아지는 한숨을 내쉬면서 말했습니다. "아이 참, 역시 집에 돌아가서 엄마한테 물어봐야겠어!"

  주어진 한어병음과 뜻을 보고 괄호 안에 알맞은 단어를 써 넣으시오.

1 (　　　　) : dǎngzhù 막다

2 (　　　　) : huǒbàn 친구

小马甩甩尾巴，跑回家去。妈妈问他："怎么回来啦？"小马难为情地说："一条河挡住了去路，我……我过不去。"妈妈说："那条河不是很浅吗？"小马说："是啊，牛伯伯也这么说。可是松鼠说河水很深，还淹死过他的伙伴呢！"妈妈说："那么河水到底是深还是浅呢？你仔细想过他们的话吗？"

难为情 : 난처하다, 겸연쩍다 | 到底 : 도대체 | 仔细 : 꼼꼼하다, 자세하다

망아지는 꼬리를 흔들며 달려서 집으로 돌아왔습니다. 엄마가 물었습니다. "왜 돌아왔니?" 망아지는 난처한 듯이 말했습니다. "냇물이 앞길을 막아서, 저는…… 저는 건널 수 없었어요." 엄마가 말했습니다. "그 냇물은 아주 얕지 않니?" 망아지가 말했습니다. "그래요. 소 아저씨도 그렇게 말했어요. 하지만 다람쥐는 냇물이 아주 깊어서 자기 친구가 빠져 죽었다고 했어요!" 엄마가 말했습니다. "그렇다면 도대체 냇물은 깊은 거니, 얕은 거니? 너는 그들이 한 말을 자세히 생각해 보았니?"

✏️ 다음 뜻이 되도록 괄호 안에 알맞은 단어를 써 넣으시오.

그렇다면 도대체 냇물은 깊은 거니, 얕은 거니?
→ 那么河水(1   )是深(2   )浅？

小马低下了头，说："没……没想过。"妈妈亲切地对小马说："孩子，光听别人说，自己不动脑筋，不去试试，是不行的。河水是深是浅，你去试一试就知道了。"

小马跑到河边，刚刚抬起前蹄，松鼠又大叫起来："怎么，你不要命啦！"小马说："让我试试吧。"他下了河，小心地趟到了对岸。原来河水既不像老牛说的那样浅，也不像松鼠说的那样深。

망아지는 고개를 숙이고 말했습니다. "아니요, 생각해 보지 않았어요." 엄마가 망아지에게 다정하게 말했습니다. "애야, 다른 사람 말만 듣고 자기는 머리도 쓰지 않고, 시도해 보지도 않으면 안 된다. 물이 깊은지 얕은지, 네가 시도해 보면 바로 알게 된단다."

망아지가 냇가로 달려가서 막 앞발을 들어올리는데, 다람쥐가 또 크게 외쳤습니다. "왜 그래, 너 죽으려고!" 망아지가 말했습니다. "시도해 보게 해줘." 망아지는 냇물에 들어가서는 조심스럽게 맞은편 기슭으로 건너갔습니다. 알고 보니 냇물은 늙은 소가 말한 것처럼 그렇게 얕지도 않고, 다람쥐가 말한 것처럼 그렇게 깊지도 않았습니다.

低头 : 고개를 숙이다 | 亲切 : 친절하다, 친근하다 | 光 : 다만, 오직 | 动脑筋 : 머리를 쓰다, 계획하다 | 试 : 시도하다, 시험하다 | 蹄 : 발굽 | 不要命 : 목숨을 아끼지 않다, 몹시 좋아하다 | 对岸 : 맞은편 기슭 | 原来 : 알고 보니 | 既~也… : ~할 뿐 아니라 …하기도 하다

✏️ 다음 중 의미상 밑줄 친 단어와 바꾸어 쓸 수 있는 것을 고르시오.

光听别人说，自己不动脑筋，不去试试，是不行的。

① 尽　② 只　③ 因　④ 虽

연습문제 3

1. 녹음을 듣고 다음 빈칸에 들어갈 알맞은 단어나 어구를 써 넣으시오.

    (1) 乌鸦听了狐狸的话，　　　极了，就唱起歌来。
    (2) 突然从树上跳下一只松鼠，　　　他大叫。
    (3) 妈妈说:"那么河水到底是　　　还是　　　呢?"

2. 다음이 「狐狸和乌鸦」의 내용과 일치하면 ○, 다르면 ×표를 하시오.

    (1) 狐狸抬起头一看，乌鸦嘴里叼着一片肉，很想吃。
    (2) 狐狸为了吃肉，爬到乌鸦的窝旁边的树枝上去了。

3. 「小马过河」를 읽고, 다음 문장을 일어난 순서대로 배열하시오.

    ① 他下了河，小心地趟到了对岸。
    ② 小马甩甩尾巴，跑回家去。
    ③ 小马驮起口袋，飞快地往磨坊跑去。
    ④ 小马听了老牛的话，立刻跑到河边，准备趟过去。
    ⑤ 小马跑到河边，刚刚抬起前蹄，松鼠又大叫起来: "怎么，你不要命啦!"

    ▶　　　→　　　→　　　→　　　→

정답 139~140페이지

4. 다음 각 문장을 자연스러운 우리말로 옮기시오.

(1) 乌鸦找到一片肉, 叼了回来, 站在窝旁边的树枝上, 心里很高兴。

▶

(2) 原来河水既不像老牛说的那样浅, 也不像松鼠说的那样深。

▶

5. 다음 각 문장을 자연스러운 중국어로 옮기시오.

(1) 당신의 깃털은 정말 아름답군요. 참새는 당신에게 비하면 한참 떨어지네요.

▶

(2) 망아지는 급히 발걸음을 거두고는 어떻게 해야 좋을지 몰랐습니다.

▶

清清的溪水
qīngqīng de xīshuǐ

小兔的家门前，有一条清清的小溪。溪水又凉又甜。
Xiǎo tù de jiā mén qián, yǒu yì tiáo qīngqīng de xiǎo xī. Xīshuǐ yòu liáng yòu tián.

一场雨过后，溪水突然变黄了。这是怎么回事呢？
Yì cháng yǔ guò hòu, xīshuǐ tūrán biànhuáng le. Zhè shì zěnme huí shì ne?

小溪：작은 시내 │ 又~又…：~하고 또 …하다 │ 凉：차갑다, 서늘하다 │ 甜：달다 │ 场：일의 경과·자연 현상 따위의 횟수를 세는 말 │ 过：지나다, 경과하다 [어느 지점이나 시점을 지나는 것을 일컬음] │ 怎么回事：어떻게 된 일이냐

맑디 맑은 시냇물

새끼 토끼의 집 문 앞에는 맑디 맑은 작은 시내가 흘렀습니다. 시냇물은 시원하고 달았습니다.

비가 한바탕 지나간 후에 시냇물이 누렇게 변했습니다. 이게 어찌 된 일일까요?

✏️ 본문을 읽고 다음을 적절한 중국어로 바꾸시오.

이게 어찌 된 일일까요?

→

小兔沿着小溪，朝上游走去。他远
Xiǎo tù yánzhe xiǎo xī, cháo shàngyóu zǒuqù. Tā yuǎn

远望见大象和野猪正在拔树。走近一
yuǎn wàngjiàn dàxiàng hé yězhū zhèngzài bá shù. Zǒujìn yí

看，一片小树林快被他们拔光了。
kàn, yípiàn xiǎo shùlín kuài bèi tāmen báguāng le.

小兔跑过去，大声喊："喂，别拔啦！
Xiǎo tù pǎo guòqù, dà shēng hǎn: "Wèi, bié bá la!

你们为什么拔树哇？"
Nǐmen wèishénme bá shù wa?"

大象和野猪停下来，说："这两天我
Dàxiàng hé yězhū tíng xiàlái, shuō: "Zhè liǎng tiān wǒ

们在比赛谁有力气，还没分出胜负呢。"
men zài bǐsài shéi yǒu lìqi, hái méi fēnchū shèngfù ne."

"比力气？你们毁掉了树林，也毁
"Bǐ lìqi? Nǐmen huǐdiào le shùlín, yě huǐ

了小溪。"小兔气愤地说。
le xiǎo xī." Xiǎo tù qìfèn de shuō.

沿着 : ~을 따라서[끼고] | 朝 : ~을 향하여 | 上游 : 상류 | 望见 : 바라보다 |
野猪 : 멧돼지 | 拔树 : 나무를 뽑다 | 走近 : 가까이 다가가다 | 快~了 : 곧[머
지않아] (~하다) | 光 : 조금도 남지 않다, 전혀 없다[주로 보어로 쓰임] | 喊 : 외
치다, 큰 소리로 부르다 | 胜负 : 승부, 승패 | 毁 : 부수다, 파괴하다 | 气愤 : 분
개(하다), 분노(하다)

새끼 토끼는 작은 시내를 따라 상류를 향해 걸어갔습니다. 새끼 토끼는 멀리 코끼리와 멧돼지가 한창 나무를 뽑고 있는 것을 보았습니다. 가까이 가서 보니 조그만 숲이 그들에 의해 거의 다 뽑혀 있었습니다.

새끼 토끼는 달려가서 큰 소리로 외쳤습니다. "이봐요, 뽑지 말아요. 당신들 왜 나무를 뽑는 거죠?"

코끼리와 멧돼지는 멈추더니 말했습니다. "요 며칠 동안 우리는 누가 힘이 센지 겨루고 있는 중인데, 아직도 승부가 나지 않았어."

"힘을 겨뤄요? 당신들은 숲을 망가뜨리고, 작은 시내도 망가뜨렸어요." 새끼 토끼가 분개하며 말했습니다.

✏️ 본문을 읽고 괄호 안에 알맞은 말을 써 넣으시오.

他远远望见大象和野猪正在( )树。

大象和野猪互相看看，不解地问:
Dàxiàng hé yězhū hùxiāng kànkan, bùjiě de wèn:

"这和小溪有什么关系?"
"Zhè hé xiǎo xī yǒu shénme guānxi?"

"这么多树被你们拔掉了，雨水把泥土都冲进小溪里啦! 不信，你们去看看。"小兔生气地说。
"Zhème duō shù bèi nǐmen bádiào le, yǔshuǐ bǎ nítǔ dōu chōngjìn xiǎo xī lǐ la! Bú xìn, nǐmen qù kàn kan." Xiǎo tù shēng qì de shuō.

互相 : 서로, 상호 | 不解 : 이해 못하다, 알지 못하다 | 泥土 : 진흙 | 冲 : 휩쓸다

73p 정답 拔

코끼리와 멧돼지는 서로를 바라보면서 이해가 안 된다는 듯이 물었습니다. "이것과 시내가 무슨 상관이 있지?"
　"이렇게 많은 나무가 당신들 때문에 뽑혀 버려서, 빗물이 진흙을 모두 시내 속으로 쓸어 넣었단 말이에요. 못 믿겠거든 가서 보세요." 작은 토끼가 화를 내며 말했습니다.

✎ 밑줄 친 단어의 한어병음과 뜻을 쓰시오.

雨水把泥土都<u>冲</u>进小溪里啦!

大象走到小溪边，伸出长鼻子吸
Dàxiàng zǒudào xiǎo xībiān, shēnchū cháng bízi xī

水，泥沙一下子把鼻孔堵住了。野猪跳
shuǐ, níshā yíxiàzi bǎ bíkǒng dǔzhù le. Yězhū tiào

进小溪，想洗个澡，可是越洗身上越脏，
jìn xiǎo xī, xiǎng xǐ ge zǎo, kěshì yuè xǐ shēnshang yuè zāng,

变成一个泥猪了。原来，往日清清的溪
biànchéng yí ge ní zhū le. Yuánlái, wǎngrì qīngqīng de xī

水变成浑浑的了。
shuǐ biànchéng húnhún de le.

伸出 : 밖으로 내어 뻗다, 펴다　吸水 : 물을 마시다　一下子 : 돌연, 단번[부사어적으로 쓰여 짧은 시간을 나타냄]　鼻孔 : 콧구멍　堵住 : 막다　洗澡 : 목욕하다　脏 : 더럽다　变成 : ~로 변하다　往日 : 이전, 지난날　浑 : (물이) 흐리다, 혼탁하다

코끼리가 시냇가로 가서 긴 코를 뻗어 물을 빨아들였는데 진흙이 단번에 콧구멍을 막아 버렸습니다. 멧돼지는 시내로 뛰어들어 목욕을 하려 했지만, 씻을수록 몸이 더욱 더러워졌습니다. 알고 보니, 전에 맑디 맑았던 시냇물이 혼탁하게 변해 버린 것이었습니다.

✏️ 본문의 내용과 일치하도록 괄호 안의 단어를 올바르게 배열하시오.

野猪跳进小溪, 想洗个澡, (可是 / 越脏 / 洗 / 身上 / 越), 变成一个泥猪了。

→

大象和野猪知道自己错了，立刻行动起来。野猪刨坑，大象栽树，野猪培土，大象浇水……他们俩重新把一棵棵树栽好。

过了几天，溪水又变清了，欢快地唱着歌儿向前流去。

错：틀리다, 잘못하다 立刻：즉시, 곧 刨坑：구덩이를 파다 栽树：나무를 심다 培土：배토하다 浇水：물을 주다 重新：다시 欢快：유쾌하다, 즐겁고 경쾌하다

77p 정답 可是越洗身上越脏

코끼리와 멧돼지는 자신들이 잘못했다는 것을 알고는 즉각 행동하기 시작했습니다. 멧돼지가 구덩이를 파면 코끼리는 나무를 심었고, 멧돼지가 흙을 덮으면 코끼리가 물을 주었습니다. 그들 둘은 다시 나무를 한 그루 한 그루 잘 심었습니다.

 며칠이 지나자 시냇물은 다시 맑아져서 즐겁게 노래 부르며 앞으로 흘러갔습니다.

✏️ 다음 문장이 본문의 내용과 일치하면 ○, 다르면 ×표 하시오.

大象和野猪终于明白了自己的错误, 立刻把它改正了。(　　)

动物过冬
dòngwù guò dōng

早晨，小蚂蚁来到树林里找吃的。
Zǎochén, xiǎo mǎyǐ láidào shùlínli zhǎo chī de.

树林里变了样，满地是落叶。一阵风
Shùlínli biàn le yàng, mǎndì shì luòyè. Yí zhèn fēng

吹来，他感到有点儿冷。周围静极了，
chuīlái, tā gǎndào yǒudiǎnr lěng. Zhōuwéi jìng jíle,

朋友们都到哪儿去了呢？
péngyoumen dōu dào nǎr qù le ne?

过冬 : 겨울을 나다 | 早晨 : 아침 | 变样 : 모습이 변하다 | 满地 : 온 땅 | 落叶 : 낙엽 | 阵 : 번, 바탕, 차례[잠시 동안 지속되는 일이나 동작을 세는 단위] | 周围 : 주위, 사방 | 静 : 조용하다, 고요하다

동물이 겨울을 나다

이른 아침, 개미가 숲속에 와서 먹이를 찾고 있었습니다. 숲속은 모습이 변하여 온 땅에 낙엽이 가득했습니다. 바람이 한 차례 불자 개미는 약간 추웠습니다. 주위는 아주 조용했습니다. 친구들은 모두 어디로 갔을까요?

다음 중 괄호 안에 들어갈 수 없는 것을 고르시오.

周围静(　　), 朋友们都到哪儿去了呢？

① 得很　② 极了　③ 悄悄　④ 挺

小蚂蚁忽然听到鸟的叫声。他抬头
Xiǎo mǎyǐ hūrán tīngdào niǎo de jiàoshēng. Tā tái tóu

一看,一只喜鹊站在树梢上。小蚂蚁喊
yí kàn, yì zhī xǐquè zhànzài shùshāoshang. Xiǎo mǎyǐ hǎn

道:"喜鹊你好,燕子、杜鹃、黄鹂,他
dào: "Xǐquè nǐ hǎo, yànzi、dùjuān、huánglí, tā

们都到哪儿去了?"喜鹊说:"天冷了,他
men dōu dào nǎr qù le?" Xǐquè shuō: "Tiān lěng le, tā

们到南方过冬去了,明年春天才回来
men dào nánfāng guò dōng qù le, míngnián chūntiān cái huílái

呢。"小蚂蚁问:"你呢,也去吗?"喜鹊
ne." Xiǎo mǎyǐ wèn: "Nǐ ne, yě qù ma?" Xǐquè

说:"我不去。我把窝垫得暖暖和和的就
shuō: "Wǒ bú qù. Wǒ bǎ wō diàn de nuǎnnuānhuōhuō de jiù

在这儿过冬。"
zài zhèr guò dōng."

叫声:우는 소리 | 喜鹊:까치 | 树梢:나무 꼭대기, 나무 끝 | 燕子:제비
杜鹃:두견 | 黄鹂:꾀꼬리 | 垫:받치다, 깔다 | 暖和:따뜻하다

개미는 갑자기 새의 울음 소리를 들었습니다. 개미가 고개를 들어 보니, 까치 한 마리가 나뭇가지 끝에 앉아 있었습니다. 개미가 소리쳤습니다. "까치야, 안녕! 제비, 두견, 꾀꼬리들은 다들 어디로 갔니?" 까치가 말했습니다. "날씨가 추워져서 걔네들은 남쪽으로 겨울을 나러 갔어. 내년 봄이 되어야 돌아올걸." 개미가 물었습니다. "너는? 너도 가니?" 까치가 말했습니다. "나는 안 가. 나는 둥지를 따뜻하게 만들어서 여기에서 겨울을 나."

✏️ 다음 중 겨울을 나기 위해 남쪽으로 가는 동물이 아닌 것을 고르시오.

① 喜鵲   ② 燕子   ③ 杜鵑   ④ 黃鸝

青蛙听见了，从池塘里跳上岸，说："小蚂蚁，我正想找你，跟你告别。"小蚂蚁问："怎么？你也要到南方去？"青蛙说："不，不，我要去睡觉了。"小蚂蚁看看天，太阳还没有升上树梢，就问青蛙："你怎么啦？太阳才升起来，你又要睡啦？"青蛙说："我要冬眠了。整个冬天，我们青蛙都睡在洞里，不吃也不动，到明年春天再出来。"

池塘：(비교적 작고 얕은) 못 告别：고별하다 升：떠오르다 冬眠：동면
整个：전체

개구리가 듣고는 연못으로부터 기슭으로 뛰어 올라와 말했습니다. "개미야, 나는 막 너를 찾아 작별인사를 하려던 참이야." 개미가 물었습니다. "왜? 너도 남쪽으로 가려고?" 개구리가 말했습니다. "아니, 아니, 나는 잠을 자러 가려고 해." 개미가 하늘을 보니 해가 아직 나무 끝까지 떠오르지 않았기에 개구리에게 물었습니다. "너 왜 그래? 해가 막 떠올랐는데 또 잠을 자려고?" 개구리가 말했습니다. "나는 겨울잠을 자려고 해. 겨울 내내 우리 개구리들은 모두 구멍에서 잠을 자는데 먹지도, 움직이지도 않다가 내년 봄이 되면 다시 나온단다."

🖉 다음 중 단어와 한어병음이 잘못 연결된 것을 고르시오.

① 池塘 — chítáng
② 树梢 — shùshāo
③ 冬眠 — dōngyǎn
④ 睡觉 — shuì jiào

青蛙一边说，一边用脚刨土，一会儿就刨好了一个洞。青蛙对蚂蚁说："你看，冬天住在这个洞里，既不怕风，又不怕雪，暖暖和和的，真舒服。"小蚂蚁走过去一看，真的，洞挖得多好哇！

小蚂蚁想，我也该准备过冬的粮食了。他找到一只小虫，就往家里拉。

既~又…：~할 뿐만 아니라 …하다 舒服：편안하다 挖：파다 粮食：양식 拉：끌다

개구리는 말을 하면서 발로 흙을 팠습니다. 금세 구멍 하나가 다 파졌습니다. 개구리가 개미에게 말했습니다. "봐, 겨울에 이 구멍에서 자면 바람도 걱정 없고 눈도 염려 없단다. 따뜻하고, 정말 편안하거든." 개미가 가서 보니 정말로 구멍이 잘 파져 있었습니다.

개미는 생각했습니다. '나도 겨울 날 양식을 준비해야겠구나.' 개미는 조그만 벌레 한 마리를 찾아 집으로 끌고 갔습니다.

🖎 본문을 읽고 괄호 안에 알맞은 말을 써 넣으시오.

청개구리对蚂蚁说: "你看, 冬天住在这个洞里, (1　　)不怕风, (2　　)不怕雪, 暖暖和和的, 真舒服。"

骄傲的孔雀
jiāo'ào de kǒngquè

孔雀很美丽，可是很骄傲。他只要
Kǒngquè hěn měilì, kěshì hěn jiāo'ào. Tā zhǐyào

看到谁长得漂亮，就抖动羽毛，展开尾
kàndào shéi zhǎng de piàoliang, jiù dǒudòng yǔmáo, zhǎnkāi wěi

巴，炫耀自己的美丽。
ba, xuànyào zìjǐ de měilì.

有一天，孔雀昂着头，挺着胸，拖
Yǒu yì tiān, kǒngquè áng zhe tóu, tǐng zhe xiōng, tuō

着美丽的长尾巴，沿着湖边散步。树上
zhe měilì de cháng wěiba, yánzhe húbiān sàn bù. Shùshang

的花喜鹊很有礼貌地向他问好，他理也
de huāxǐquè hěn yǒu lǐmào de xiàng tā wèn hǎo, tā lǐ yě

不理。
bù lǐ.

骄傲: 거만하다, 뽐내다 | 孔雀: 공작 | 只要: ~하기만 하면[주로 뒤에 '就'나 '便'을 동반함] | 抖动: 떨다 | 展开: 펴다, 펼치다 | 炫耀: 과시하다 | 昂头: 머리를 쳐들다 | 挺胸: 가슴을 펴다, 가슴을 쭉 내밀다 | 拖: 끌다 | 花喜鹊: (알록달록한) 까치 | 问好: 안부를 묻다, 문안 드리다 | 理: 상관하다

교만한 공작

공작은 매우 아름다웠지만, 아주 교만했습니다. 공작은 누군가 아름다운 대상을 보기만 하면 깃털을 떨고 꼬리를 펼쳐서 자신의 아름다움을 과시했습니다.

어느 날, 공작은 고개를 쳐들고 가슴을 내민 채, 아름다운 긴 꼬리를 끌고 호숫가를 따라 거닐었습니다. 나무 위의 까치가 공손하게 그에게 인사를 하였으나, 거들떠보지도 않았습니다.

✏️ 본문을 다음 중 읽고 괄호 안에 들어갈 말을 고르시오.

孔雀（　　　）看到谁长得漂亮，就抖动羽毛，展开尾巴，炫耀自己的美丽。

① 只有　　② 只是　　③ 只要　　④ 只好

忽然，孔雀发现湖里有一只鸟，跟
Hūrán, kǒngquè fāxiàn hú lǐ yǒu yì zhī niǎo, gēn

他一模一样，也十分漂亮。他立刻停住
tā yì mú yí yàng, yě shífēn piàoliang. Tā lìkè tíngzhù

脚步，展开尾巴。美丽的尾巴抖动着，
jiǎobù, zhǎnkāi wěiba. Měilì de wěiba dǒudòng zhe,

像一把五彩洒金的大扇子。谁知湖里的
xiàng yì bǎ wǔcǎi sǎjīn de dà shànzi. Shéi zhī hú lǐ de

那只鸟也停住脚步，展开尾巴。美丽的
nà zhī niǎo yě tíngzhù jiǎobù, zhǎnkāi wěiba. Měilì de

尾巴也抖动着，像一把五彩洒金的大扇
wěiba yě dǒudòng zhe, xiàng yì bǎ wǔcǎi sǎjīn de dà shàn

子。
zi.

忽然 : 갑자기 | 一模一样 : 모양이 완전히 같다[닮다] | 十分 : 아주 | 五彩 : 다채로운 빛깔 | 洒金 : 금박을 입히다 | 扇子 : 부채 | 谁知 : 아무도 (~일 줄은) 모르다, 의외로, 생각지도 않게

갑자기 공작은 호수 속에 새 한 마리가 있는 것을 발견했는데, 자기와 똑같이 생겼고 역시 매우 아름다웠습니다. 공작은 즉각 걸음을 멈추고 꼬리를 펼쳤습니다. 아름다운 꼬리가 흔들리니, 울긋불긋하게 금박을 입힌 큰 부채 같았습니다. 뜻밖에도 호수 속의 그 새도 멈춰서서 꼬리를 펼치고는, 아름다운 꼬리를 흔들고 있었는데, 금박을 입힌 큰 부채 같았습니다.

✎ 다음 중 밑줄 친 단어의 의미에 해당하는 것을 고르시오.

孔雀发现湖里有一只鸟，跟他<u>一模一样</u>，也十分漂亮。

① 很像   ② 另一个样子   ③ 不同的样子   ④ 不像

骄傲的孔雀有点儿生气了，他睁大
Jiāo'ào de kǒngquè yǒudiǎnr shēng qì le, tā zhēng dà

圆圆的眼睛，抖了抖头上的翎毛。湖里
yuányuán de yǎnjing, dǒu le dǒu tóushang de língmáo. Hú lǐ

的那只鸟也睁大圆圆的眼睛，抖了抖
de nà zhī niǎo yě zhēng dà yuányuán de yǎnjing, dǒu le dǒu

头上的翎毛。骄傲的孔雀可真生气了，
tóushang de língmáo. Jiāo'ào de kǒngquè kě zhēn shēng qì le,

他昂着头，挺着胸，向前迈了一大步，
tā áng zhe tóu, tǐng zhe xiōng, xiàng qián mài le yí dà bù,

没想到一下子掉进湖里了。
méi xiǎngdào yíxiàzi diàojìn hú lǐ le.

睁：눈을 뜨다　圆圆：매우 둥글다　翎毛：머리 위의 깃털　迈步：걸음을 내딛다　没想到：생각지 못하다, 뜻밖이다

교만한 공작은 좀 화가 났습니다. 공작은 둥근 눈을 크게 뜨고는 머리 위의 깃털을 흔들었습니다. 호수 속의 그 새도 둥근 눈을 크게 뜨고는 머리 위의 깃털을 흔들었습니다. 교만한 공작은 정말 화가 났습니다. 공작은 머리를 쳐들고 가슴을 내민 채 앞을 향해 크게 한 걸음 내디뎠는데, 생각지도 못하게 갑자기 호수에 빠져 버렸습니다.

✏️ 본문에 나타난 공작의 행동에 대한 느낌을 가장 잘 나타낸 단어를 고르시오.

① 可怜   ② 好玩   ③ 可笑   ④ 新奇

孔雀不会游泳，他在湖里挣扎了半天，好不容易抓住树根，爬上岸来。他回头朝湖里看看，这回可高兴了。湖里的那只鸟，浑身湿淋淋的，还在发抖呢！

树上的花喜鹊笑起来。孔雀看了花喜鹊一眼，不高兴地说："丑喜鹊，你笑什么！"花喜鹊拍拍翅膀，说："骄傲的孔雀，湖里的那只鸟就是你自己的影子啊！你骄傲得连自己也不认识了！"

游泳 : 수영하다　挣扎 : 몸부림치다　好不容易 : 겨우, 가까스로　抓 : 잡다
浑身 : 온몸　湿淋淋 : 흠뻑 젖다　发抖 : 떨다　丑 : 못되다, 못생기다　拍 : 치다　翅膀 : 날개　连~也 : ~조차도　认识 : 알아보다

공작은 헤엄을 칠 줄을 몰라, 호수 속에서 한참동안 발버둥질치다가 가까스로 나무 뿌리를 잡고 기슭으로 기어올라 왔습니다. 공작은 고개를 돌려 호수를 바라보았습니다. 이번에는 기분이 좋았습니다. 호수 속의 그 새도 온몸이 흠뻑 젖은 채, 아직 떨고 있었거든요.

나무 위의 까치가 웃었습니다. 공작은 까치를 힐끗 보고는 기분 나쁜 듯이 말했습니다. "못된 까치 같으니라구, 너 왜 웃는 거야!" 까치가 날개를 푸드득거리면서 말했습니다. "교만한 공작아, 호수 속의 그 새는 바로 너 자신의 그림자야! 너는 교만해서 자신도 알아보지 못하는구나!"

✏️ 다음 중 밑줄 친 단어와 같은 뜻을 가진 것을 고르시오.

他在湖里挣扎了半天，<u>好不容易</u>抓住树根，爬上岸来。

① 好容易　② 真容易　③ 不能　④ 差点儿

연습문제 4

1. 녹음을 듣고 다음 빈칸에 들어갈 단어나 어구를 써 넣으시오.

   (1) 这么多树被你们拔掉了，雨水把泥土都　　　小溪里啦！
   (2) 喜鹊你好，燕子、杜鹃、黄鹂，他们都　　　去了？
   (3) 孔雀不会游泳，他在湖里　　　了半天。

2. 다음 중「骄傲的孔雀」의 내용과 일치하지 않는 것을 고르시오.

   ① 树上的花喜鹊郑重地向孔雀问好，但孔雀理也不理
   ② 孔雀忽然发现湖里有一只鸟，跟他一模一样，也十分谦虚
   ③ 孔雀睁大圆圆的眼睛，抖了抖头上的翎毛
   ④ 湖里的那只鸟就是孔雀自己的影子

3. 「动物过冬」을 읽고, 다음 물음에 중국어로 답하시오.

   (1) 燕子、杜鹃、黄骊他们都到哪儿去了？
   ▶

(2) 青蛙怎么样过冬呢？
▶

4 다음 각 문장을 자연스러운 우리말로 옮기시오.

(1) 走近一看，一片小树林快被他们拔光了。
▶

(2) 青蛙一边说，一边用脚刨土，一会儿就刨好了一个洞。
▶

5 다음 각 문장을 자연스러운 중국어로 옮기시오.

(1) 요 이틀 동안 우리는 누가 힘이 센지 겨루고 있어.
▶

(2) 너는 교만해져서 자신도 알아보지 못하는구나.
▶

狼和小羊
láng hé xiǎo yáng

狼来到小溪边，看见小羊在那儿喝水。狼想吃小羊，就故意找碴儿，说："你把我喝的水弄脏了！你安的什么心？"

小羊吃了一惊，温和地说："我怎么会把您喝的水弄脏呢？您站在上游，水是从您那儿流到我这儿来的，不是从我这儿流到您那儿去的。"

狼 : 이리 故意 : 고의로, 일부러 找碴儿 : 트집을 잡다 弄脏 : 더럽히다
安心 : 마음을 먹다 温和 : (성품·태도가) 온화하다, 부드럽다

이리와 새끼 양

이리가 작은 시냇가에 왔다가 새끼 양이 물을 마시고 있는 것을 보았습니다. 이리는 새끼 양을 잡아먹고 싶어 고의로 트집을 잡아 말했습니다. "너 내가 마시는 물을 더럽혔구나! 너 무슨 마음을 품은 거야?"

새끼 양은 깜짝 놀랐지만 온화하게 말했습니다. "제가 어떻게 당신이 마시는 물을 더럽힐 수 있나요? 당신은 상류 쪽에 서 계시고, 물은 당신 있는 곳으로부터 제가 있는 이곳으로 흘러오지, 제가 있는 이곳에서 당신이 계신 그곳으로 흘러가는 것이 아닌데요."

🥕 다음 중 이리가 고의로 트집을 잡은 이유를 고르시오.

① 因为小羊是个坏蛋　　② 因为想吃小羊
③ 因为想喝干净的水　　④ 为了教训小羊

狼气冲冲地说:"就算这样吧,你
Láng qìchōngchōng de shuō: "Jiùsuàn zhèyàng ba, nǐ

总是个坏家伙!我听说,去年你在背地
zǒng shì ge huài jiāhuo! Wǒ tīngshuō, qùnián nǐ zài bèidì

里说我的坏话!"
li shuō wǒ de huàihuà!"

可怜的小羊喊道:"啊,亲爱的狼先
Kělián de xiǎo yáng hǎndào: "Ā, qīn'ài de láng xiān

生,那是不可能的,去年我还没有生下
sheng, nà shì bù kěnéng de, qùnián wǒ hái méiyǒu shēng xià

来哪!"
lái na!"

狼不想再争辩了,龇着牙,逼近小
Láng bù xiǎng zài zhēngbiàn le, zī zhe yá, bījìn xiǎo

羊,大声嚷道:"你这个小坏蛋!说我坏
yáng, dà shēng rǎngdào: "Nǐ zhè ge xiǎo huàidàn! Shuō wǒ huài

话的不是你就是你爸爸,反正都一样。"
huà de bú shì nǐ jiùshì nǐ bàba, fǎnzhèng dōu yíyàng."

说着就往小羊身上扑去。
Shuō zhe jiù wǎng xiǎo yáng shēnshang pūqù.

이리는 노기등등하여 말했습니다. "설사 그렇다고 해도 너는 어쨌든 나쁜 놈이야! 듣자하니 작년에 네가 뒤에서 내 험담을 했다며!"

가련한 새끼 양이 외쳤습니다. "아, 친애하는 이리 선생님, 그것은 불가능한 일입니다. 작년에 저는 아직 태어나지 않았거든요!"

이리는 더이상 논쟁하고 싶지 않았습니다. 이빨을 드러내며 새끼 양에게 바싹 다가가서 큰 소리로 말했습니다. "너 이 나쁜 놈! 내 험담을 한 것이 네가 아니라면 바로 네 아버지야. 어차피 똑같아." 말하면서 새끼 양을 향해 달려들었습니다.

气冲冲 : 노기등등하다, 노기충천하다 | 就算 : 설령 ~이라도 | 总是 : 결국, 아무튼, 반드시 | 坏 : 나쁘다 | 家伙 : 녀석, 자식 | 背地(里) : 남몰래, 뒤에서 | 坏话 : 욕, 험담 | 可怜 : 불쌍하다 | 争辩 : 논쟁하다 | 龇牙 : 이를 드러내다 | 逼近 : 바싹 접근하다 | 嚷道 : 큰 소리로 말하다 | 不是~就是… : ~이 아니면 …이다 | 反正 : 어차피 | 扑 : 달려들다

🖋 다음 중 괄호 안에 알맞은 단어를 고르시오.

狼不想再争辩了，(　　)着牙，逼近小羊。

① 龇　② 逼　③ 嚷　④ 扑

从现在开始
cóng xiànzài kāishǐ

狮子想找一个动物接替他做"万兽
Shīzi xiǎng zhǎo yí ge dòngwù jiētì tā zuò "wàn shòu

之王"。于是,他宣布:"从现在开始,你
zhī wáng". Yúshì, tā xuānbù: "Cóng xiànzài kāishǐ, nǐ

们轮流当'万兽之王',每个动物当一个
men lúnliú dāng 'wàn shòu zhī wáng', měi ge dòngwù dāng yí ge

星期。谁做得最好,谁就是森林里的新
xīngqī. Shéi zuò de zuìhǎo, shéi jiùshì sēnlínli de xīn

首领。"
shǒulǐng."

接替:대신하다, 교체하다　宣布:선포하다, 발표하다　轮流:돌아가면서 하다, 교대로 하다　当:되다, 맡다　谁~谁…:~한 그 사람이 …하다[주절과 종속절의 양쪽에 각각 쓰여 동일인을 가리킴]　首领:우두머리

지금부터

사자는 동물을 하나 물색해 자기를 대신해서 '백수의 왕'을 삼으려고 했습니다. 그리하여 그는 선포했습니다. "지금부터 너희들은 돌아가면서 '백수의 왕' 노릇을 하는데, 한 동물마다 일주일씩 하여라. 가장 잘하는 자가 바로 숲속의 새 우두머리다."

🖊 '谁~谁…' 구문을 이용하여 다음 문장을 중국어로 옮기시오.

가장 잘 하는 자가 바로 숲속의 새 우두머리다.

→

第一个上任的是猫头鹰。他想到自己成了"万兽之王",神气极了,立刻下令:"从现在开始,你们都要跟我一样,白天休息,夜里做事!"大家听了议论纷纷,可是又不得不服从命令,只好天天熬夜。一个星期下来,动物们都叫苦连天。

上任:취임하다 猫头鹰:부엉이 神气:으스대다, 뽐내다 下令:명령을 내리다 议论:의론, 물의 纷纷:분분하다 不得:~하면 안 된다 服从:복종(하다) 只好:부득이, 할 수 없이 熬夜:밤을 새우다 下来:(일정한 기간이) 지나다, 끝나다 叫苦连天:끊임없이 고통을 호소하다

103p 정답 谁做得最好,谁就是森林里的新首领。

　첫 번째로 취임한 것은 부엉이였습니다. 그는 자기가 '백수의 왕'이 되었다는 데 생각이 미치자 아주 득의양양하여 즉각 명령을 내렸습니다. "지금부터 너희들은 모두 나처럼 낮에는 쉬고 밤에 일하도록 해라!" 듣고는 모두들 의론이 분분했습니다. 그렇지만 또 명령에 복종하지 않을 수도 없어, 할 수 없이 매일같이 밤을 꼬박 새웠습니다. 일주일이 지나자 동물들은 모두 끊임없이 고통을 호소했습니다.

🖎 본문의 내용과 일치하도록 괄호 안에 알맞은 말을 써 넣으시오.

　猫头鹰立刻下令:"从现在开始,你们都要跟我一样,(1　　) 休息,(2　　)做事!"

105

第二个星期，轮到袋鼠上任了。他
Dì èr ge xīngqī, lúndào dàishǔ shàngrèn le. Tā

激动地说:"从现在开始，你们都要跳着
jīdòng de shuō: "Cóng xiànzài kāishǐ, nǐmen dōu yào tiào zhe

走路！"听了袋鼠的话，大家直摇头。可
zǒu lù!" Tīng le dàishǔ de huà, dàjiā zhí yáo tóu. Kě

是又不得不服从命令，只好苦练跳的本
shì yòu bùdé bù fúcóng mìnglìng, zhǐhǎo kǔliàn tiào de běn

领。
lǐng.

轮到 : 차례가 돌아오다[되다] 袋鼠 : 캥거루 激动 : 감격하다, 흥분하다 摇
头 : 고개를 젓다 苦练 : 꾸준히[열심히] 연습하다

두 번째 주에는 캥거루가 취임할 차례가 되었습니다. 그는 흥분해서 말했습니다. "지금부터 너희들은 모두 껑충껑충 뛰어서 다니도록 해라!" 캥거루의 말을 듣고는 모두들 줄곧 고개를 내저었습니다. 그러나 또 명령에 복종하지 않을 수 없었기에 할 수 없이 뜀뛰기 재주를 열심히 연마했습니다.

주어진 한어병음과 뜻을 보고 괄호 안에 알맞은 단어를 써 넣으시오.

1 ( ): dàishǔ 캥거루

2 ( ): yáo tóu 고개를 젓다

3 ( ): běnlǐng 재주

第三个星期，轮到小猴子当"万兽
Dì sān ge xīngqī, lúndào xiǎo hóuzi dāng "wàn shòu

之王"。大家都非常担心：他会不会命令
zhī wáng". Dàjiā dōu fēicháng dānxīn: Tā huì bu huì mìnglìng

我们从现在开始，都得住在树上，成天
wǒmen cóng xiànzài kāishǐ, dōu děi zhùzài shùshang, chéngtiān

抓着藤条荡来荡去？谁知，小猴子只说
zhuā zhe téngtiáo dàng lái dàng qù? Shéi zhī, xiǎo hóuzi zhǐ shuō

了一句话："从现在开始，每个动物都照
le yí jù huà: "Cóng xiànzài kāishǐ, měi ge dòngwù dōu zhào

自己习惯的方式过日子。"话音刚落，大
zìjǐ xíguàn de fāngshì guò rìzi." Huàyīn gāng luò, dà

伙儿立刻欢呼起来。
huǒr lìkè huānhū qǐlái.

狮子见了，笑眯眯地说："不用再往
Shīzi jiàn le, xiàomīmī de shuō: "Búyòng zài wǎng

下轮了。我郑重宣布，从现在开始，小
xià lún le. Wǒ zhèngzhòng xuānbù, cóng xiànzài kāishǐ, xiǎo

猴子就是'万兽之王'了！"
hóuzi jiùshì 'wàn shòu zhī wáng' le!"

得：~해야만 한다 | 成天：하루종일 | 藤条：등나무 덩쿨 | 荡：흔들리다 | 习惯：습관이 되다, 익숙해지다 | 落：(말·노래 소리 따위가) 그치다, 끝나다 | 大伙儿：모두들 | 欢呼：환호하다 | 笑眯眯：눈을 가늘게 뜨고 미소짓는 모양 | 往下：계속해서 | 郑重：엄숙하다, 정중하다

107p 정답 1 袋鼠, 2 摇头, 3 本领

세 번째 주에는 원숭이가 '백수의 왕'이 될 차례가 되었습니다. 모두들 매우 걱정했습니다. '원숭이가 우리더러 지금부터 모두 나무 위에서 살고, 온종일 등나무에 매달려 왔다 갔다 하라고 명령하지 않을까?' 뜻밖에도 원숭이는 한 마디만 했습니다. "지금부터 모든 동물은 자기가 익숙한 방식에 따라 생활하도록 해라!" 말이 막 끝나자 모두들 즉시 환호하기 시작했습니다.

사자가 보고는 빙그레 웃으며 말했습니다. "다시 더 돌아가면서 해 볼 필요가 없겠다. 내가 엄숙하게 선포하노라. 지금부터는 원숭이가 '백수의 왕'이다!"

다음 문장이 본문의 내용과 일치하면 O, 다르면 ×표 하시오.

小猴子立刻下令: "从现在开始, 你们都得住在树上, 成天抓着藤条荡来荡去。" (　　)

三只白鹤
sān zhī báihè

一天中午,三只白鹤在河里捉到了许多鱼。他们吃得饱饱的,把剩下的一条大鱼埋在地里,留着明天吃。

第一只白鹤抬头看了看太阳,记住大鱼埋在太阳底下。第二只白鹤抬头看了看天空,记住大鱼埋在白云下面。第三只白鹤看了看河边的大柳树,记住大鱼埋在柳树旁边。

白鹤 : 흰 두루미, 흰 학 | 饱饱的 : 포식하여 배부른 모양 | 剩下 : 남다 | 条 : 마리[가늘고 긴 동물이나 사물을 세는 단위] | 埋 : 묻다 | 抬头 : 머리를 들다 | 记住 : 기억하다

세 마리의 흰 학

어느 날 한낮에 흰 학 세 마리가 강에서 아주 많은 물고기를 잡았습니다. 그들은 배불리 먹고는 남은 큰 물고기 한 마리를 땅에다 묻어 두었다가 다음날 먹기로 했습니다.

첫 번째 흰 학은 고개를 들어 해를 바라보고는 큰 물고기를 태양 밑에 묻은 것으로 기억해 두었습니다. 두 번째 흰 학은 고개를 들어 하늘을 바라보고는 큰 물고기를 흰 구름 아래에 묻은 것으로 기억해 두었습니다. 세 번째 흰 학은 강가의 큰 버드나무를 보고는 큰 물고기를 버드나무 옆에 묻은 것으로 기억해 두었습니다.

🍃 다음 중 학이 남은 물고기를 묻은 장소라고 기억해 둔 곳이 아닌 것을 고르시오.

① 河里　　② 太阳底下　　③ 白云下面　　④ 柳树旁边

第二天，太阳刚刚升起，三只白鹤
Dì èr tiān, tàiyáng gānggāng shēngqǐ, sān zhī báihè

都睡醒了。第一只白鹤朝太阳飞去。第
dōu shuìxǐng le. Dì yī zhī báihè cháo tàiyáng fēiqù. Dì

二只白鹤朝白云飞去。第三只白鹤飞到
èr zhī báihè cháo báiyún fēiqù. Dì sān zhī báihè fēidào

河边，落在大柳树旁边。
hébiān, luòzài dà liǔshù pángbiān.

　　哪只白鹤能找到埋在地里的大鱼
　　Nǎ zhī báihè néng zhǎodào máizài dìli de dà yú

呢？
ne?

第二天：이튿날, 다음날 ｜ 睡醒：잠에서 깨어나다 ｜ 落：내리다

다음날, 해가 막 떠오르자 흰 학 세 마리는 모두 잠에서 깨어났습니다. 첫 번째 흰 학은 해를 향해 날아갔습니다. 두 번째 흰 학은 흰 구름을 향해 날아갔습니다. 세 번째 흰 학은 강가로 날아가서 큰 버드나무 옆에 내려앉았습니다.

어느 학이 땅속에 묻은 큰 물고기를 찾아낼 수 있을까요?

📝 본문을 읽고 다음 물음에 알맞은 답을 고르시오.

哪只白鹤能找到埋在地里的大鱼呢？

① 第一只白鹤　　② 第二只白鹤　　③ 第三只白鹤

연습문제 5

1 녹음을 듣고 다음 빈칸에 들어갈 알맞은 단어나 어구를 써 넣으시오.

(1) 狼想吃小羊，就故意　　　，说："你把我喝的水弄脏了！"

(2) 他激动地说："从现在开始，你们都要跳着　　　！"

(3) 他们吃得饱饱的，把　　　的一条大鱼埋在地里，留着明天吃。

2 다음이 「狼和小羊」의 내용과 일치하면 ○, 다르면 ×표를 하시오.

(1) 去年小羊在背地里说了狼的坏话。
(2) 小羊不可能把狼喝的水弄脏。

3 「从现在开始」를 읽고, 다음 물음에 중국어로 답하시오.

(1) 万兽之王怎样决定？

▶

(2) 最后什么动物当"万兽之王"了？

▶

정답 141~142 페이지

4 다음 각 문장을 자연스러운 우리말로 옮기시오.

(1) 说我坏话的不是你就是你爸爸，反正都一样。
▶

(2) 从现在开始，你们轮流当"万兽之王"。
▶

(3) 第二天，太阳刚刚升起，三只白鹤都睡醒了。
▶

5 다음 각 문장을 자연스러운 중국어로 옮기시오.

(1) 너 내가 마시는 물을 더럽혔구나!
▶

(2) 각 동물들은 모두 자기가 익숙한 방식에 따라 생활하도록 해라.
▶

小鸟和牵牛花
xiǎo niǎo hé qiānniúhuā

院子里的榆树上有一个鸟窝,鸟窝里住着一只小鸟,小鸟每天飞下树来,跟小花、小草一起玩儿。

Yuànzili de yúshùshang yǒu yí ge niǎowō, niǎowō li zhù zhe yì zhī xiǎo niǎo, xiǎo niǎo měitiān fēixià shù lái, gēn xiǎo huā、xiǎo cǎo yìqǐ wánr.

有一天,小鸟病了,躺在窝里,一动也不能动。他想,要是能跟小花一起唱个歌,跟小草一起跳个舞,该有多好啊!可是他病了,一点儿力气也没有,怎么能飞下树来呢?

Yǒu yì tiān, xiǎo niǎo bìng le, tǎngzài wōli, yí dòng yě bù néng dòng. Tā xiǎng, yàoshi néng gēn xiǎo huā yìqǐ chàng ge gē, gēn xiǎo cǎo yìqǐ tiào ge wǔ, gāi yǒu duō hǎo a! Kěshì tā bìng le, yìdiǎnr lìqi yě méiyǒu, zěnme néng fēixià shù lái ne?

牵牛花:나팔꽃 | 榆树:느릅나무 | 躺:눕다 | 要是:만약 ~라면 | 跳舞:춤추다 | 该:정말로, 얼마나[감탄구에서 어감을 강하게 함]

작은 새와 나팔꽃

정원의 느릅나무에 새집이 있고, 새집에는 작은 새가 한 마리 살고 있었습니다. 작은 새는 매일같이 나무에서 내려와서 작은 꽃, 작은 풀들과 함께 놀았습니다.

어느 날 작은 새가 병이 들어 둥지 안에 누워서 꼼짝도 할 수 없었습니다. 작은 새는 생각했습니다. '만약 작은 꽃과 함께 노래하고 작은 풀과 함께 춤을 춘다면 얼마나 좋을까!' 그러나 작은 새는 병이 나서 힘이 조금도 없으니, 어떻게 나무 아래로 내려갈 수 있었겠어요?

✏️ 주어진 한어병음과 뜻을 보고 괄호 안에 알맞은 단어를 써 넣으시오.

1 (　　　　) : niǎowō 새집

2 (　　　　) : tǎng 눕다

3 (　　　　) : tiàowǔ 춤추다

小鸟费了好大的劲，从窝里伸出头
Xiǎo niǎo fèi le hǎo dà de jìn, cóng wōli shēnchū tóu

来，对榆树下面的凤仙花说："凤仙花姐
lái, duì yúshù xiàmian de fèngxiānhuā shuō: "Fèngxiānhuā jiě

姐，我病了，请你上来，跟我玩一会儿，
jie, wǒ bìng le, qǐng nǐ shànglái, gēn wǒ wán yíhuìr,

好吗？"凤仙花听了，红着脸，说："真
hǎo ma?" Fèngxiānhuā tīng le, hóng zhe liǎn, shuō: "Zhēn

对不起，我长在地上，不会爬树也不会
duìbuqǐ, wǒ zhǎngzài dìshang, bú huì pá shù yě bú huì

飞，怎么能上你那儿玩儿呀！"
fēi, zěnme néng shàng nǐ nàr wánr ya!"

费劲 : 힘을 쓰다 伸出 : 내밀다, 펴다 凤仙花 : 봉선화 红脸 : 얼굴을 붉히다 爬 : 기어오르다

117p 정답 1 鸟窝, 2 躺, 3 跳舞

작은 새는 아주 큰 힘을 들여 둥지에서 고개를 내밀고는 느릅나무 아래에 있는 봉선화에게 말했습니다. "봉선화 언니, 제가 병이 났어요. 올라와서 저하고 놀아 줄 수 없나요?" 봉선화는 듣고 얼굴을 붉히면서 말했습니다. "정말 미안해. 나는 땅에 나 있어서 나무를 기어오를 수도 없고 날 수도 없는데, 어떻게 너 있는 데로 올라가 놀 수 있겠니!"

본문을 읽고 괄호 안에 알맞은 말을 써 넣으시오.

小鸟(1   )了好大的劲, 从窝里(2   )出头来。

小鸟又对榆树下面的小草说:"小草
Xiǎo niǎo yòu duì yúshù xiàmian de xiǎo cǎo shuō: "Xiǎo cǎo

弟弟,我病了,请你上来,跟我说一会儿
dìdi, wǒ bìng le, qǐng nǐ shànglái, gēn wǒ shuō yíhuìr

话,好吗?" 小草听见了,不好意思地
huà, hǎo ma?" Xiǎo cǎo tīngjiàn le, bùhǎoyìsi de

说:"真对不起!我长在地上,没有翅膀
shuō: "Zhēn duìbuqǐ! Wǒ zhǎngzài dìshang, méiyǒu chìbǎng

没有脚,没法去陪你说话呀!"
méiyǒu jiǎo, méifǎ qù péi nǐ shuō huà ya!"

这时,牵牛花在一旁说话了:"凤仙
Zhèshí, qiānniúhuā zài yìpáng shuō huà le: "Fèngxiān

花姐姐,小草弟弟,你们别发愁。我去
huā jiějie, xiǎo cǎo dìdi, nǐmen bié fā chóu. Wǒ qù

陪陪小鸟。"
péipei xiǎo niǎo."

不好意思 : 부끄럽다, 쑥스럽다, ~하기가 곤란하다　　翅膀 : 날개　　没法 : 방법이 없다　　陪 : 동반하다, 곁에서 도와 주다　　发愁 : 근심하다

작은 새는 다시 느릅나무 아래의 작은 풀에게 말했습니다. "작은 풀 동생아, 내가 병이 났단다. 위로 올라와 나와 이야기를 좀 나눌래?" 작은 풀이 듣고는 미안한 듯이 말했습니다. "정말 미안해요! 저는 땅위에 나 있고, 날개도 없고 다리도 없어서 당신을 모시고 함께 이야기할 수가 없답니다."

이때, 나팔꽃이 한쪽 옆에서 말했습니다. "봉선화 언니, 작은 풀 동생아, 걱정하지 마. 내가 작은 새와 함께 있을께."

다음 중 본문 내용과 다른 하나를 고르시오.

① 小鸟生病了　　② 小草没有翅膀没有脚
③ 牵牛花在发愁　④ 小草拒绝了小鸟的请求

牵牛花把自己的蔓儿缠在榆树上,
Qiānniúhuā bǎ zìjǐ de wànr chánzài yúshùshang,

使劲爬呀,爬呀。这一天,天刚蒙蒙亮,
shǐjìn pá ya, pá ya. Zhè yì tiān, tiān gāng mēngmēng liàng,

他终于爬到了鸟窝旁。"嗒嘀嗒,嗒嘀
tā zhōngyú pádào le niǎowō páng. "Dā dí dā, dā dí

嗒",牵牛花吹起了小喇叭。
dā", qiānniúhuā chuīqǐ le xiǎo lǎba.

小鸟醒来了。他睁开眼睛一看,牵
Xiǎo niǎo xǐnglái le. Tā zhēngkāi yǎnjing yí kàn, qiān

牛花正在他身边,冲着他吹喇叭呢!小
niúhuā zhèng zài tā shēnbiān, chòng zhe tā chuī lǎba ne! Xiǎo

鸟心里一高兴,病就好多了。
niǎo xīnli yì gāoxìng, bìng jiù hǎoduō le.

牵牛花看见小鸟高兴的样子,举起
Qiānniúhuā kànjiàn xiǎo niǎo gāoxìng de yàngzi, jǔqǐ

一个个小喇叭,吹得更带劲了:"嗒嘀嗒,
yí gègè xiǎo lǎba, chuī de gèng dài jìn le: "Dā dí dā,

嗒嘀嗒……"
dā dí dā……"

蔓儿 : 덩굴 缠 : 휘감다, 얽히다 使劲 : 힘을 주다 蒙蒙亮 : 하늘이 점점 밝아지는 모양 嗒嘀嗒 : 따따따[나팔 소리] 喇叭 : 나팔 冲 : 향하다, 대하다 带劲 : 신이 나다, 힘이 있다, 격렬해지다

나팔꽃은 자기의 덩굴을 느릅나무에 감고 힘껏 자꾸 기어올랐습니다. 이날 날이 막 어슴푸레 밝아 올 무렵, 나팔꽃은 마침내 새둥지 옆까지 기어올랐습니다. "따따따, 따따따", 나팔꽃은 조그만 나팔을 불기 시작했습니다.

작은 새가 깨어났습니다. 작은 새가 눈을 떠서 보니 나팔꽃이 곁에서 그를 향해 나팔을 불고 있었습니다. 작은 새는 마음이 즐거워지자 병이 곧 많이 나았습니다.

나팔꽃은 작은 새가 기뻐하는 모습을 보고는 조그만 나팔을 하나하나 들어올려 더욱 신나게 불었습니다. "따따따, 따따따……."

🖍 다음과 같은 뜻이 되도록 괄호 안의 단어를 알맞게 배열하시오.

작은 새는 마음이 즐거워지자 병이 곧 많이 나았습니다.

→ 小鸟（ 高兴 / 病 / 一 / 心里 / 多了 / 好 / 就 ）。

鸡妈妈的新房子
jī māma de xīn fángzi

鸡妈妈的新房子造好了，既漂亮又牢固。
Jī māma de xīn fángzi zàohǎo le, jì piàoliang yòu láogù.

鹅大哥说："房子造得不错，如果在墙上开个窗就更好了。"鸡妈妈听了，很不高兴。
É dàgē shuō: "Fángzi zào de búcuò, rúguǒ zài qiángshang kāi ge chuāng jiù gèng hǎo le." Jī māma tīng le, hěn bù gāoxìng.

造：짓다 | 牢固：튼튼하다 | 鹅：거위

123p 정답 心里一高兴，病就好多了

어미닭의 새집

어미닭의 새집이 다 지어졌는데 멋있고 튼튼했습니다.
거위 오빠가 말했습니다. "집 잘 지었군. 만약 벽에 창을 하나 내면 더욱 좋겠는걸." 어미닭이 듣고는 아주 기분이 좋지 않았습니다.

📝 본문을 읽고 괄호 안에 알맞은 말을 써 넣으시오.

鸡妈妈的新房子造好了, (1   )漂亮(2   )牢固。

夏天到了，鸡妈妈的房子里又闷又热。鸡娃娃都生病了，鸡妈妈这才想到鹅大哥的建议，她赶紧在墙上开了个窗。清新的空气进来了，屋里凉快多了，鸡娃娃的病也慢慢好了。鸡妈妈很高兴，她想，以后一定要多听别人的意见。

狐狸对鸡妈妈说："你家的窗子再开大一点儿就更好了。"

鸡妈妈听了狐狸的话，就把窗子开得大大的。

生病 : 병이 나다　建议 : 건의(하다), 제안(하다)　赶紧 : 재빨리　开窗 : 창을 내다　清新 : 신선하다, 참신하다　凉快 : 시원하다　窗子 : 창문

125p 정답　1 既, 2 又

여름이 되었습니다. 어미닭의 집은 아주 답답하고 더웠습니다. 병아리들이 모두 병이 났습니다. 어미닭은 그제서야 거위 오빠의 제안이 떠올라, 서둘러 벽에 창을 냈습니다. 맑고 신선한 공기가 들어오자 방이 훨씬 시원했습니다. 병아리들의 병도 점차 나아졌습니다. 어미닭은 아주 기분이 좋았습니다. 어미닭은 앞으로는 반드시 다른 이의 의견을 많이 들어야겠다고 생각했습니다.

여우가 어미닭에게 말했습니다. "당신 집의 창문을 조금 더 크게 내면 더욱 좋을텐데."

어미닭은 여우의 이야기를 듣고는 창문을 더욱 크게 냈습니다.

📝 본문을 참조하여 다음을 자연스러운 중국어로 옮기시오.

나는 앞으로는 반드시 다른 이의 의견을 많이 듣겠습니다.

→

一天，鸡妈妈从外面回到家，发现
Yì tiān, jī māma cóng wàimiàn huídào jiā, fāxiàn

少了一只鸡娃娃，她到处找也没找到。
shǎo le yì zhī jī wáwa, tā dàochù zhǎo yě méi zhǎodào.

忽然，她在窗台上发现了狐狸的脚印。
Hūrán, tā zài chuāngtáishang fāxiàn le húli de jiǎoyìn.

鸡妈妈一下子明白了，自己上了狐狸的
Jī māma yíxiàzi míngbai le, zìjǐ shàng le húli de

当。原来，不是谁的意见都得听。她赶
dàng. Yuánlái, bú shì shéi de yìjiàn dōu děi tīng. Tā gǎn

紧把窗子改小。从此，鸡娃娃再也没少
jǐn bǎ chuāngzi gǎi xiǎo. Cóngcǐ, Jī wáwa zài yě méi shǎo

过。
guo.

发现：발견(하다)　少：잃어버리다, 없어지다, 모자라다　窗台：창틀　脚印：발자국　明白：이해하다, 알다, 분명하다　上当：속다, 꾐에 빠지다　从此：이제부터, 여기부터

127p 정답　我以后一定要多听别人的意见。

하루는 어미닭이 밖에서 집으로 돌아왔는데, 병아리 한 마리가 줄어들었음을 알게 되었습니다. 어미닭은 여기저기 찾아보았으나 찾을 수 없었습니다. 문득 어미닭은 창턱에서 여우의 발자국을 발견했습니다. 어미닭은 자신이 여우에게 속았다는 것을 단번에 깨달았습니다. 알고 보니 누구의 의견이나 모두 들어야 하는 것은 아니었습니다. 어미닭은 서둘러 창문을 작게 고쳤습니다. 그 뒤로는 병아리가 다시는 없어지지 않았습니다.

🖉 다음 중 밑줄 친 말과 같은 뜻으로 쓰인 것을 고르시오.

鸡妈妈一下子明白了，自己<u>上了狐狸的当</u>。

① 陷了狐狸的阱　② 被狐狸欺骗了　③ 给狐狸吃了亏

129

骆驼和羊
luòtuo hé yáng

骆驼长得高，羊长得矮。骆驼说:
Luòtuo zhǎng de gāo, yáng zhǎng de ǎi. Luòtuo shuō:

"长得高好。"羊说:"不对，长得矮才好
"Zhǎng de gāo hǎo." Yáng shuō: "Bú duì, zhǎng de ǎi cái hǎo

呢。"骆驼说:"我可以做一件事情，证
ne." Luòtuo shuō: "Wǒ kěyǐ zuò yí jiàn shìqing, zhèng

明高比矮好。"羊说:"我也可以做一件事
míng gāo bǐ ǎi hǎo." Yáng shuō: "Wǒ yě kěyǐ zuò yí jiàn shì

情，证明矮比高好。"
qing, zhèngmíng ǎi bǐ gāo hǎo."

骆驼 : 낙타 | 矮 : 키가 작다 | 证明 : 증명하다 | 比 : ~에 비하여, ~보다

낙타와 양

낙타는 키가 크고, 양은 키가 작았습니다. 낙타가 말했습니다. "키가 큰 게 좋지." 양이 말했습니다. "아니야, 키가 작은 게 좋아." 낙타가 말했습니다. "나는 한 가지 일을 해서 키가 큰 것이 작은 것보다 좋다는 걸 증명할 수 있어." 양이 말했습니다. "나도 한 가지 일을 해서 키가 작은 것이 키가 큰 것보다 좋다는 걸 증명할 수 있어."

✏️ 다음 중 본문에 나타난 정서가 아닌 것을 고르시오.

① 不示弱　② 好胜　③ 认输　④ 自满

他们俩走到一个园子旁边。园子四
Tāmen liǎ zǒudào yí ge yuánzi pángbiān. Yuánzi sì

面有围墙，里面种了很多树，茂盛的枝
miàn yǒu wéiqiáng, lǐmian zhòng le hěn duō shù, màoshèng de zhī

叶伸出墙外来。骆驼一抬头就吃到了树
yè shēnchū qiáng wài lái. Luòtuo yì tái tóu jiù chīdào le shù

叶。羊抬起前腿，扒在墙上，脖子伸得
yè. Yáng táiqǐ qiántuǐ, bāzài qiángshang, bózi shēn de

老长，还是吃不着。骆驼说："你看，
lǎocháng, háishi chī bu zháo. Luòtuo shuō: "Nǐ kàn,

这可以证明了吧,高比矮好。"羊摇了摇
zhè kěyǐ zhèngmíng le ba, gāo bǐ ǎi hǎo." Yáng yáo le yáo

头，不肯认输。
tóu, bù kěn rèn shū.

俩：두 개, 두 사람　**园子**：꽃밭, 채소밭, 과수원 따위의 총칭　**围墙**：(집·정원 등을) 둘러싼 담　**茂盛**：무성하다　**扒**：대다　**老长**：대단히[매우] 길다　**~不着**：~할 수 없다[동사 뒤에 붙어 목적을 이루지 못함을 나타내는 보어로 쓰임]　**肯**：~하려고 하다　**认输**：패배를 인정하다

그들 둘은 한 정원 근처로 갔습니다. 정원의 사방에는 담장이 있었는데, 안에는 많은 나무가 자라고 있었고, 무성한 나뭇가지와 잎이 담 밖으로 뻗어 나와 있었습니다. 낙타는 고개를 들자마자 나뭇잎을 먹을 수 있었습니다. 양은 앞발을 올려 담장에 대고 목을 아주 길게 뻗었으나 그래도 먹을 수가 없었습니다. 낙타가 말했습니다. "봐, 이걸로 증명되었지. 키가 큰 것이 작은 것보다 좋아." 양은 고개를 저으며 졌다는 것을 인정하지 않았습니다.

✎ 다음 뜻이 되도록 괄호 안에 알맞은 단어를 써 넣으시오.

낙타는 고개를 들자마자 나뭇잎을 먹을 수 있었습니다.
→ 骆驼(1)抬头(2)吃到了树叶。

他们俩又走了几步，看见围墙上有
Tāmen liǎ yòu zǒu le jǐ bù, kànjiàn wéiqiángshang yǒu

个又窄又矮的门。羊大模大样地走进门
ge yòu zhǎi yòu ǎi de mén. Yáng dà mú dà yàng de zǒujìn mén

去吃园子里的草。骆驼跪下前腿，低下
qù chī yuánzili de cǎo. Luòtuo guìxià qiántuǐ, dīxià

头，往门里钻，怎么也钻不进去。羊说：
tóu, wǎng mén lǐ zuān, zěnme yě zuān bu jìnqù. Yáng shuō:

"你看，这可以证明了吧，矮比高好。"
"Nǐ kàn, zhè kěyǐ zhèngmíng le ba, ǎi bǐ gāo hǎo."

骆驼摇了摇头，也不肯认输。
Luòtuo yáo le yáo tóu, yě bù kěn rèn shū.

他们俩找老牛评理。老牛说："你们
Tāmen liǎ zhǎo lǎo niú píng lǐ. Lǎo niú shuō: "Nǐmen

俩都只看到自己的长处，看不到自己的
liǎ dōu zhǐ kàndào zìjǐ de chángchu, kàn bu dào zìjǐ de

短处，这是不对的。"
duǎnchu, zhè shì bú duì de."

窄 : 좁다　大模大样 : 느긋한 모양, 의젓한 모양, 거드름을 피우는 모양　跪下 : (무릎을) 꿇다　低头 : 고개를 숙이다　钻 : 들어가다, 뚫다　评理 : 시비를 가리다　长处 : 장점　短处 : 단점

그들 둘이 또 몇 걸음 더 갔는데, 담장에 좁고 작은 문이 하나 있는 것을 보았습니다. 양은 거만하게 문으로 들어가 정원 안의 풀을 뜯어 먹었습니다. 낙타는 앞다리를 꿇고 머리를 숙이고 문 안으로 들어가려고 했으나, 아무리 해도 들어갈 수가 없었습니다. 양이 말했습니다. "봐, 이걸로 증명되었지. 키가 작은 것이 큰 것보다 낫다니까." 낙타는 고개를 흔들고는 역시 졌다는 것을 인정하지 않았습니다.

　그들 둘은 소를 찾아가 시비를 가렸습니다. 소가 말했습니다. "자네들 둘은 단지 자신의 장점만을 보고, 단점은 보지를 못했네. 이는 잘못된 것이라네."

✎ 다음과 비슷한 뜻을 지닌 단어를 본문에서 각각 찾아 쓰시오.

1　优点 → _____
2　缺点 → _____

연습문제 6

1. 녹음을 듣고 다음 빈칸에 들어갈 알맞은 단어나 어구를 써 넣으시오.

   (1) 要是能跟小花一起唱个歌，跟小草一起跳个舞，_____ 多好啊！

   (2) 鸡妈妈从外面回到家，发现少了一只鸡娃娃，她 _____ 找也没找到。

   (3) 羊抬起前腿，_____ 墙上，脖子伸得老长，还是吃不着。

2. 「骆驼和羊」을 읽고, 다음 문장을 일어난 순서대로 배열하시오.

   ① 羊大模大样地走进门去吃园子里的草。
   ② 骆驼跪下前腿，低下头，往门里钻，怎么也钻不进去。
   ③ 骆驼说："长得高好。"羊说："不对, 长得矮才好呢。"
   ④ 他们俩找老牛评理。
   ⑤ 骆驼一抬头就吃到了树叶。

   ▶ _____ → _____ → _____ → _____ → _____

135p 정답 1 长处, 2 短处

정답 142~143페이지

3 다음 각 문장을 자연스러운 우리 말로 옮기시오.

(1) 羊大模大样地走进门去吃园子里的草。
▶

(2) 鸡妈妈听了狐狸的话，就把窗子开得大大的。
▶

4 다음 각 문장을 자연스러운 중국어로 옮기시오.

(1) 작은 새는 아주 큰 힘을 들여 둥지에서 고개를 내밀고는 느릅나무 아래에 있는 봉선화에게 말했습니다.
▶

(2) 맑고 신선한 공기가 들어오자 방이 훨씬 시원해졌고 병아리들의 병도 차츰 나아졌습니다.
▶

연습문제 모범답안

연습문제 1

1 (1) 游到　　(2) 带到　　(3) 凭着

2 (1) ○　　(2) ×

3 (1) 因为他可以凭着父母的地位，会生活得很好。

(2) 要靠自己的生活本领。

4 (1) 날씨가 아주 갑갑해서 흰 새끼 토끼는 몸을 일으켜 세우고는 허리를 좀 폈습니다.

(2) 그는 생각했습니다. '왜 산속의 신선한 공기를 도시에 가져다 팔지 않지?'

5 (1) 空气很潮湿，虫子的翅膀沾了小水珠，飞不高。

(2) 狮子妈妈生下了两只小狮子。

연습문제 2

1 (1) 浇水　　(2) 转过　　(3) 挂到

2 ①

3 (1) 是小壁虎在墙角捉蚊子的时候。

(2) 小鱼用尾巴拨水。

4 (1) 이때 잿빛 새끼 토끼는 흰 새끼 토끼가 배추를 한 짐 메고 염소에게 갖다 주는 것을 보았습니다.

(2) 새끼 원숭이는 달을 건져 올리려고 손을 뻗었으나, 손이 물에 닿는 순간 달이 사라졌습니다.

5 (1) 小壁虎想，向谁去借一条尾巴呢？

(2) 大猴子也倒挂着，拉住另一只猴子的脚。

연습문제 3

1 (1) 得意　　(2) 拦住　　(3) 深，浅

139

2 (1) ○ (2) ×

3 ③ → ④ → ② → ⑤ → ①

4 (1) 까마귀는 고기 한 조각을 찾아서 입에 물고 돌아와서는 둥지 근처의 나뭇가지에 앉았습니다. 기분이 아주 좋았습니다.

(2) 알고 보니 냇물은 늙은 소가 말한 것처럼 얕지도 않고, 다람쥐가 말한 것처럼 깊지도 않았습니다.

5 (1) 您的羽毛真漂亮，麻雀比起您来，可就差多了。

(2) 小马连忙收住脚步，不知道怎么办才好。

연습문제 4

1 (1) 冲进 (2) 到哪儿 (3) 挣扎

2 ②

3 (1) 他们到南方过冬去了。

(2) 整个冬天，青蛙都睡在洞里。

4 (1) 가까이 가서 보니 조그만 숲이 그들에 의해 거의 다 뽑혀 가고 있었습니다.

   (2) 개구리는 말을 하면서 발로 흙을 팠는데, 금세 구멍 하나가 다 파졌습니다.

5 (1) 这两天我们在比赛谁有力气。

   (2) 你骄傲得连自己也不认识了。

연습문제 5

1 (1) 找碴儿   (2) 走路   (3) 乘下

2 (1) ×   (2) ○

3 (1) 每个动物轮流当一个星期，看谁做得最好。

   (2) 最后小猴子当"万兽之王"了。

4 (1) 내 험담을 한 것이 네가 아니라면 바로 네 아버지야, 어차피 똑같아.

(2) 지금부터 너희들은 돌아가면서 '백수의 왕' 노릇을 하도록 해라.

(3) 다음 날, 해가 막 떠오르자 흰 학 세 마리는 모두 잠에서 깨어났습니다.

5 (1) 你把我喝的水弄脏了！

(2) 每个动物都照自己习惯的方式过日子。

연습문제 6

1 (1) 该有　　(2) 到处　　(3) 扒在

2 ③ → ⑤ → ① → ② → ④

3 (1) 양은 거만하게 문으로 들어가 정원 안의 풀을 뜯어 먹었습니다.

(2) 어미닭은 여우의 이야기를 듣고는 창문을 더욱 크게 냈습니다.

4 (1) 小鸟费了好大的劲,从窝里伸出头来,对榆树下面的凤仙花说。

(2) 清新的空气进来了,屋里凉快多了,鸡娃娃的病也慢慢好了。

작가소개

본문에 소개된 작품의 작가는 다음과 같다. 한편 본문에 소개되었으나 여기에 언급되지 않은 글은 작자 미상이다.

要下雨了* — 罗亚
小狐狸卖空气* — 王玲
小马过河 — 彭席文
清清的溪水 — 胡木仁
从现在开始* — 管家琪
鸡妈妈的新房子* — 钱欣葆

* 표시된 것은 해당 작가의 작품을 재구성한 것이다.